essentials

Essentials liefern aktuelles Wissen in konzentrierter Form. Die Essenz dessen, worauf es als „State-of-the-Art" in der gegenwärtigen Fachdiskussion oder in der Praxis ankommt. *Essentials* informieren schnell, unkompliziert und verständlich

- als Einführung in ein aktuelles Thema aus Ihrem Fachgebiet
- als Einstieg in ein für Sie noch unbekanntes Themenfeld
- als Einblick, um zum Thema mitreden zu können

Die Bücher in elektronischer und gedruckter Form bringen das Fachwissen von Springerautor*innen kompakt zur Darstellung. Sie sind besonders für die Nutzung als eBook auf Tablet-PCs, eBook-Readern und Smartphones geeignet. *Essentials* sind Wissensbausteine aus den Wirtschafts-, Sozial- und Geisteswissenschaften, aus Technik und Naturwissenschaften sowie aus Medizin, Psychologie und Gesundheitsberufen. Von renommierten Autor*innen aller Springer-Verlagsmarken.

Nicole Freitag

Erfolgreich auf LinkedIn®: Strategien für Kanzleien und Banken

Positionierung, Personenmarken und digitale Sichtbarkeit

Springer Gabler

Nicole Freitag
Little Birds Media
Düsseldorf, Deutschland

ISSN 2197-6708 ISSN 2197-6716 (electronic)
essentials
ISBN 978-3-658-52273-5 ISBN 978-3-658-52274-2 (eBook)
https://doi.org/10.1007/978-3-658-52274-2

Die Deutsche Nationalbibliothek verzeichnet diese Publikation in der Deutschen Nationalbibliografie; detaillierte bibliografische Daten sind im Internet über https://portal.dnb.de abrufbar.

Planung/Lektorat: Laura Spezzano
Springer Gabler ist ein Imprint der eingetragenen Gesellschaft Springer Fachmedien Wiesbaden GmbH und ist ein Teil von Springer Nature.
Die Anschrift der Gesellschaft ist: Abraham-Lincoln-Str. 46, 65189 Wiesbaden, Germany

Was Sie in diesem *essential* finden können

- Grundlagen digitaler Sichtbarkeit in Kanzleien und Banken
- LinkedIn® als strategisches Instrument für Geschäftsentwicklung, Recruiting und Reputation
- Zusammenspiel von Personenmarken, Fachbereichen und Organisation
- Prozesse, Rollen und Strukturen für eine nachhaltige Umsetzung
- Ansätze zur Erfolgsmessung und Weiterentwicklung

Vorwort

In Kanzleien und Banken wird LinkedIn® heute zunehmend als Instrument für Sichtbarkeit, Positionierung und Beziehungspflege wahrgenommen. Mandanten, Kunden, Bewerber und Kooperationspartner informieren sich vor einer Kontaktaufnahme über Personen, Fachbereiche und Organisationen. Digitale Präsenz beeinflusst damit Erwartungen, Vertrauen und Auswahlentscheidungen, noch bevor ein persönlicher Kontakt entsteht.

Es zeigt sich, dass LinkedIn®-Aktivitäten in Kanzleien und Banken häufig ohne klaren strategischen Rahmen beginnen. Einzelne Personen werden aktiv, Marketing oder HR stoßen Initiativen an, oder kurzfristige Maßnahmen werden umgesetzt. Was oft fehlt, ist eine gemeinsame Einordnung: Welche Ziele verfolgt digitale Sichtbarkeit? Welche Rollen tragen Verantwortung? Und wie lassen sich Aktivitäten langfristig in bestehende Strukturen integrieren?

In der Folge entstehen Aktivitäten nach dem Prinzip „Trial and Error". Zeit und Aufmerksamkeit werden investiert, ohne dass sich eine nachhaltige Wirkung entfaltet. Initiativen verlaufen im Tagesgeschäft oder werden nicht konsequent weiterverfolgt, obwohl digitale Wahrnehmung in einem kompetitiven Umfeld an Bedeutung gewinnt.

Dieses Essential richtet sich an Partner, Führungskräfte sowie Verantwortliche aus Business Development, Marketing, Kommunikation und HR in Kanzleien und Banken. Es zeigt, wie LinkedIn® nicht als kurzfristiger Kommunikationskanal,

---

Zur besseren Lesbarkeit wird auf eine geschlechtergerechte Schreibweise verzichtet. Alle Personenbezeichnungen beziehen sich gleichermaßen auf alle Geschlechter. Bei der Ausarbeitung dieses Essentials wurden KI-gestützte Werkzeuge eingesetzt, etwa zur Strukturierung und sprachlichen Überarbeitung von Textentwürfen. Inhalte und fachliche Einschätzungen verantwortet die Autorin vollständig selbst.

sondern als strategisches Instrument professioneller Außenwirkung verstanden werden kann. Im Mittelpunkt stehen klare Rollen, realistische Prozesse und eine abgestimmte Nutzung von Personenprofilen, Fachbereichen und Organisation.

Nicole Freitag

Danksagung Mein besonderer Dank gilt meiner Familie, die mich bei der Entscheidung zur Selbstständigkeit von Anfang an unterstützt und mir auf diesem Weg stets den Rücken gestärkt hat.

Inhaltsverzeichnis

Über die Autorin

Nicole Freitag
Little Birds Media
Mönchenwerther Str. 15a
40545 Düsseldorf
Nicole.Freitag@littlebirdsmedia.de
https://www.littlebirdsmedia.de

Nicole Freitag ist Gründerin von Little Birds Media und berät Kanzleien und Banken zu LinkedIn®-Strategie, digitaler Sichtbarkeit und Business Development. Sie hat über 2.000 Anwälte, Banker und Kommunikationsverantwortliche geschult und bringt zusätzlich eigene Erfahrung aus der Finanzkommunikation und dem Personal Banking mit.

Digitale Sichtbarkeit als Teil moderner Führung

1

Digitale Sichtbarkeit prägt heute maßgeblich, wie Kanzleien und Banken wahrgenommen und eingeordnet werden. Meinungsbildung, Vertrauenszuschreibung und erste Auswahlentscheidungen finden vor einem persönlichen Kontakt statt. Profile, Inhalte und digitale Spuren beeinflussen, ob Kompetenz, Seriosität und Passung zugeschrieben werden, nicht nur in sozialen Netzwerken, sondern auch in KI-gestützten Such- und Empfehlungssystemen.

Vor diesem Hintergrund ist digitale Präsenz keine rein kommunikative Aufgabe mehr, sondern Teil moderner Führung. Sie betrifft strategische Positionierung, interne Orientierung und die Frage, wie Organisationen im digitalen Raum konsistent auftreten. Dieses Kapitel ordnet digitale Sichtbarkeit als Führungs- und Organisationsaufgabe ein und zeigt, wie Vertrauen und Reputation unter veränderten Informations- und Entscheidungsbedingungen entstehen.

Zugleich grenzt das Kapitel ab, was digitale Sichtbarkeit leisten kann und was nicht. Es macht deutlich, warum LinkedIn® im professionellen Umfeld eine zentrale Rolle spielt und schafft eine gemeinsame Grundlage für die strategische Einordnung der folgenden Inhalte.

1.1 Warum digitale Präsenz für Kanzleien und Banken unverzichtbar geworden ist

Kanzleien und Banken agieren in einem Umfeld, das stark von Vertrauen, Reputation und persönlicher Empfehlung geprägt ist. Entscheidungen über Mandatierungen, Geschäftsbeziehungen oder Bewerbungen werden selten spontan getroffen.

N. Freitag, *Erfolgreich auf LinkedIn®: Strategien für Kanzleien und Banken*, essentials, https://doi.org/10.1007/978-3-658-52274-2_1

Sie entstehen in einem längeren Prozess der Informationssammlung, Einordnung und Bewertung.

Dieser Prozess hat sich in den vergangenen Jahren grundlegend verändert. Der erste Kontakt findet häufig nicht mehr im persönlichen Gespräch statt, sondern im digitalen Raum. Profile von Partnern, Führungskräften und Fachbereichen, veröffentlichte Inhalte sowie digitale Netzwerke prägen den ersten Eindruck. Gemeint ist damit die Gesamtheit der digitalen Spuren, die vor einer direkten Kontaktaufnahme wahrgenommen werden. Diese Wahrnehmung entsteht früh und wirkt in nachgelagerte Kontakt- und Entscheidungsprozesse hinein.

Die Wirkung dieser frühen Eindrücke ist nur begrenzt messbar und lässt sich einzelnen Maßnahmen selten eindeutig zuordnen. Gleichwohl beeinflusst sie Erwartungen, Vertrauen und Auswahlentscheidungen spürbar. Persönliche Empfehlungen waren lange Zeit ein zentrales Element der Entscheidungsfindung. Heute werden sie in der Regel durch zusätzliche digitale Informationsquellen ergänzt und eingeordnet.

Diese Form der Vorrecherche ist inzwischen generationenübergreifend verbreitet. Digitale Informationsbeschaffung ist für viele zur selbstverständlichen Grundlage von Entscheidungsprozessen geworden und wird für nachfolgende Generationen keine Ergänzung mehr sein, sondern Voraussetzung.

Digitale Sichtbarkeit ist damit kein zusätzlicher Kommunikationskanal, sondern Teil der realen Wahrnehmung einer Organisation. Sie wirkt unabhängig davon, ob sie aktiv gestaltet wird oder nicht. Auch Abwesenheit erzeugt Wirkung: Sie kann als bewusste Zurückhaltung interpretiert werden, ebenso aber als fehlende Aktualität oder mangelnde Anschlussfähigkeit.

Konkret bedeutet das:

Digitale Präsenz ist heute kein Marketingthema im engeren Sinne mehr. Sie ist Bestandteil professioneller Außenwirkung und damit eine Führungsaufgabe.

► Digitale Sichtbarkeit entsteht immer, die Frage ist nur, ob sie gesteuert wird oder zufällig bleibt.

1.2 Wie Wahrnehmung und Vertrauen im digitalen Raum entstehen

Vertrauen entsteht nicht allein durch formale Qualifikation oder institutionelle Zugehörigkeit. Gerade in wissensintensiven und beratungsnahen Branchen wie Kanzleien und Banken entscheiden Einordnung, Wiedererkennbarkeit und Konsistenz darüber, ob Vertrauen entsteht. Mandanten, Kunden und Bewerber suchen Orientierung, bevor sie einen persönlichen Kontakt aufnehmen oder eine Entscheidung treffen.

Im digitalen Raum wird diese Orientierung durch verschiedene, miteinander verknüpfte Elemente geprägt. Dazu zählen insbesondere:

- die Qualität und Klarheit von Profilen und Websites,
- thematische Schwerpunkte, Inhalte und fachliche Veröffentlichungen,
- sichtbare Interaktionen, Netzwerke und Referenzen,
- Einordnungen durch Dritte, etwa Rankings, Branchenverzeichnisse, Auszeichnungen und vergleichbare Formate,
- sowie die Kontinuität und Konsistenz der digitalen Präsenz.

Diese Wahrnehmung entsteht nicht isoliert auf einer einzelnen Plattform. Neben Profilen und Aktivitäten in professionellen Netzwerken fließen weitere digitale Signale in die Vertrauensbildung ein. Dazu gehören Kanzlei- und Unternehmenswebsites, Medienberichte, Fachartikel und Studien, Rankings und Branchenverzeichnisse (z. B. zur fachlichen Einordnung, Marktposition oder Arbeitgeberattraktivität) sowie öffentlich zugängliche Bewertungen und Empfehlungen. Gemeinsam formen sie ein Bild von fachlicher Substanz und Glaubwürdigkeit.

Digitale Wahrnehmung entsteht heute häufig lange vor einem persönlichen Erstkontakt. Noch bevor ein Gespräch stattfindet, formen Such- und KI-Systeme, Website, Bewertungen und Social Media ein erstes Markenbild, in dem Vertrauen, Kompetenz und Sympathie vorgeprägt werden (vgl. Abb. 1.1).

LinkedIn® nimmt in diesem Gefüge eine besondere Rolle ein. Als professionelles Netzwerk bündelt es viele dieser Signale an einer Stelle: Profile verweisen auf fachliche Schwerpunkte, Positionen und Stationen, Inhalte machen Expertise und Haltung sichtbar, und Interaktionen zeigen die Einbindung in relevante Netzwerke. LinkedIn® ersetzt keine anderen Kanäle, sondern wirkt als verbindendes Element, das digitale Wahrnehmung verdichtet, aktualisiert und kontextualisiert und hierdurch einen großen Einfluss auf die Vertrauensbildung haben kann (vgl. Abb. 1.2).

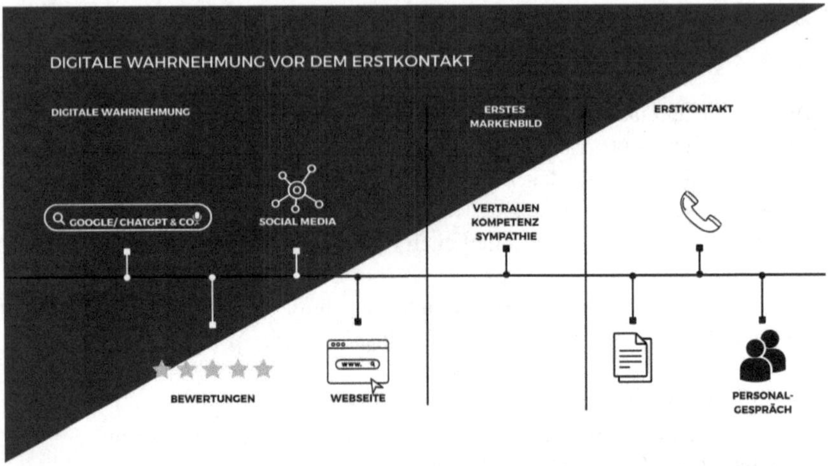

Abb. 1.1 Digitale Wahrnehmung vor dem Erstkontakt. (Quelle: Eigene Darstellung)

Diese Signale werden nicht nur von Menschen wahrgenommen, sondern auch von algorithmischen Systemen verarbeitet. Sie beeinflussen, welche Inhalte ausgespielt werden, welche Profile sichtbar sind und welche Akteure als relevant gelten. Sichtbarkeit entsteht damit nicht durch einzelne Maßnahmen, sondern durch das Zusammenspiel von Inhalt, Kontext und Kontinuität über verschiedene digitale Berührungspunkte hinweg.

Wichtig ist Digitale Sichtbarkeit bereitet die persönliche Beziehung vor, sie kann sie nicht ersetzen. Sie schafft Orientierung, reduziert Unsicherheit und erleichtert die Entscheidung für einen Kontakt. Gerade in Kanzleien und Banken wirkt Sichtbarkeit dann glaubwürdig, wenn sie nicht werblich, sondern fachlich fundiert und konsistent ist. Einzelne Beiträge oder punktuelle Aktivitäten entfalten kaum Wirkung. Entscheidend ist das Gesamtbild, das sich über Zeit entwickelt.

▶ **Definition** Digitale Sichtbarkeit bezeichnet die konsistente und nachvollziehbare Wahrnehmbarkeit von Personen, Fachbereichen und Organisationen im digitalen Raum, insbesondere über Websites, professionelle Netzwerke, fachliche Veröffentlichungen sowie Einordnungen durch Dritte wie Rankings, Branchenverzeichnisse oder Auszeichnungen.

Abb. 1.2 Digitale Elemente zur Vertrauensbildung. (Quelle: Eigene Darstellung)

1.3 Warum LinkedIn® im professionellen Umfeld die Schlüsselplattform ist

Die professionelle Außendarstellung von Kanzleien und Banken entsteht heute über verschiedene digitale Kontaktpunkte. Websites, Fachmedien, Rankings, Empfehlungen und soziale Netzwerke tragen gemeinsam zur Wahrnehmung von Kanzleien und Banken bei. Innerhalb dieses Geflechts hat sich LinkedIn® im professionellen Umfeld als zentrale Schnittstelle etabliert.

Der Grund liegt weniger in reinen Reichweitenzahlen als in der Struktur der Plattform. LinkedIn® verbindet Personen, Organisationen, Inhalte und Netzwerke in einem beruflichen Kontext. Profile von Partnern, Führungskräften und Fachbereichen sowie Unternehmensseiten sind direkt auffindbar, mit aktuellen Inhalten verknüpft und in fachliche Zusammenhänge eingebettet. Dadurch entsteht ein konsistentes Bild, das persönliche Expertise, organisatorische Zugehörigkeit und thematische Positionierung zusammenführt.

LinkedIn® ersetzt weder die Kanzlei- oder Bankwebsite noch externe Vertrauenssignale wie Rankings, Presseberichte oder Empfehlungen. Vielmehr fungiert die Plattform als Verdichtungsraum, in dem unterschiedliche Informationsquellen zusammenlaufen und eingeordnet werden. Für viele Zielgruppen ist LinkedIn® der Ort, an dem diese Informationen erstmals gebündelt wahrgenommen und bewertet werden.

Gerade in beratungsintensiven und regulierten Branchen bietet LinkedIn® damit eine besondere Funktion: Es macht Fachlichkeit sichtbar, ohne werblich zu wirken, und ermöglicht Orientierung, bevor ein persönlicher Kontakt entsteht.

Andere soziale Plattformen erfüllen im professionellen Umfeld teilweise andere Funktionen. Netzwerke wie Instagram oder TikTok sind stärker visuell und reichweitenorientiert geprägt und eignen sich insbesondere für Image-, Kultur- oder Arbeitgeberthemen. Plattformen wie X (ehemals Twitter) werden punktuell für Meinungsbeiträge oder fachpolitische Diskussionen genutzt, erreichen jedoch häufig ein spezialisiertes Publikum und bieten wenig strukturelle Verknüpfung zwischen Personen, Organisationen und Inhalten.

Gleichzeitig ist die Relevanz einzelner Plattformen stark zielgruppenspezifisch. In bestimmten Bereichen, etwa im Arbeitsrecht oder bei Bankprodukten mit direktem Endkundenbezug, können visuell geprägte Plattformen wie Instagram eine ergänzende Rolle spielen. Sie ermöglichen niedrigschwellige Information, Reichweite in breiteren Zielgruppen und die Ansprache außerhalb klassischer beruflicher Kontexte.

Für die strategische Sichtbarkeit von Kanzleien und Banken im professionellen Umfeld bleibt LinkedIn® jedoch die zentrale Plattform. Dort, wo fachliche Einordnung, Vertrauensaufbau und organisatorische Zuordnung entscheidend sind, bietet LinkedIn® die strukturellen Voraussetzungen, um unterschiedliche Rollen, Themen und Ebenen konsistent sichtbar zu machen.

Wenn es um Vertrauen, Expertise und langfristige Beziehungen geht, fehlt diesen Plattformen meist der organisatorische und fachliche Kontext. LinkedIn® unterscheidet sich hier grundlegend: Die Plattform ist nicht primär auf Aufmerksamkeit, sondern auf berufliche Einordnung ausgelegt und ermöglicht es, fachliche Inhalte, Personenprofile und organisatorische Zugehörigkeit systematisch miteinander zu verknüpfen.

Weitere Plattformen können ergänzend sinnvoll sein, etwa für Arbeitgebermarken oder spezifische Zielgruppen. Für die strategische Sichtbarkeit im professionellen Kontext bietet LinkedIn® jedoch die größte Passung:

- für Geschäftsentwicklung,
- für Recruiting,
- für fachliche Positionierung,
- und für organisationsübergreifende Vernetzung.

Hinzu kommt, dass LinkedIn® zunehmend als Datenquelle für Such- und KI-gestützte Systeme dient. Inhalte und Profile wirken damit über die Plattform hinaus und prägen digitale Auffindbarkeit insgesamt.

1.4 Abgrenzung: Was digitale Sichtbarkeit leisten kann und was nicht

Die Wirkung digitaler Sichtbarkeit wird häufig überschätzt, insbesondere im Hinblick auf kurzfristige Effekte. Diese Erwartung führt typischerweise zu Frustration oder Aktionismus. Gerade in Kanzleien und Banken ist eine realistische Einordnung entscheidend.

Digitale Präsenz kann:

- Vertrauen vorbereiten,
- Expertise sichtbar machen,
- Orientierung schaffen,
- und Gespräche erleichtern.

Sie kann jedoch nicht:

- fachliche Qualität ersetzen,
- persönliche Beziehungen überflüssig machen,
- oder kurzfristig Geschäft garantieren.

Digitale Sichtbarkeit wirkt langfristig. Sie entfaltet ihre Stärke dort, wo sie strategisch eingebettet ist und zur Identität der Organisation passt. Führung bedeutet in diesem Zusammenhang, Rahmen zu setzen, Prioritäten zu klären und Konsistenz zu ermöglichen, nicht, operative Aktivität einzufordern.

Damit bildet digitale Sichtbarkeit den Ausgangspunkt für alle weiteren Überlegungen dieses Essentials: Sie ist kein Selbstzweck, sondern ein Instrument professioneller Außenwirkung in einer digital geprägten Arbeitswelt.

Aus der Beratungspraxis

In der Beratung von Kanzleien und Banken zeigt sich, dass digitale Sichtbarkeit häufig erst dann Aufmerksamkeit erhält, wenn konkrete Herausforderungen in der Mandats- oder Personalgewinnung auftreten. Zu diesem Zeitpunkt hat digitale Wahrnehmung jedoch bereits über längere Zeit unbemerkt gewirkt. Organisationen, die Sichtbarkeit frühzeitig als Führungsaufgabe begreifen, verfügen über deutlich stabilere Ausgangsbedingungen. ◄

Die Mechanik digitaler Wahrnehmung

2

Ob Inhalte und Profile digital wahrgenommen werden, ist kein Zufall. Algorithmische und KI-gestützte Systeme ordnen Inhalte ein, bewerten Relevanz und steuern, was in Feeds, Suchergebnissen und Empfehlungen erscheint. Dieses Kapitel erklärt, wie digitale Wahrnehmung auf LinkedIn® entsteht, welche Signale für Auffindbarkeit und Relevanz ausschlaggebend sind und warum punktuelle Aktivitäten kaum Wirkung entfalten. Ziel ist ein realistisches Verständnis der Mechanismen hinter Sichtbarkeit als Grundlage für eine strategische und nachhaltige Nutzung der Plattform.

LinkedIn® ist heute weniger ein neutraler Veröffentlichungsraum als ein stark kuratierter Wahrnehmungsraum. Inhalte konkurrieren nicht mehr nur miteinander, sondern werden von algorithmischen Systemen fortlaufend bewertet, priorisiert oder ausgeblendet. Diese Selektion orientiert sich nicht an fachlicher Qualität im engeren Sinne, sondern an der vermuteten Relevanz für klar definierte Nutzergruppen.

Aktuelle Analysen zeigen, dass sich die Zahl der auf LinkedIn® veröffentlichten Beiträge innerhalb eines Jahres nahezu verdoppelt hat, während die durchschnittlichen Impressionen pro Beitrag im selben Zeitraum um rund 23 % zurückgegangen sind (vgl. Metricool Social Media Studie 2026). Dieser Befund ist kein Hinweis auf einen Bedeutungsverlust von LinkedIn®, sondern Ausdruck eines strukturellen Effekts. Mit zunehmender Nutzung steigt nicht nur die Zahl der Beiträge, sondern auch die Dichte konkurrierender Inhalte. Aufmerksamkeit verteilt sich auf mehr Absender, Themen stehen in direkter Konkurrenz, und Relevanz wird stärker selektiert.

N. Freitag, *Erfolgreich auf LinkedIn®: Strategien für Kanzleien und Banken*, essentials, https://doi.org/10.1007/978-3-658-52274-2_2

Für professionelle Akteure bedeutet das: Sichtbarkeit ist nicht mehr das Ergebnis einzelner Beiträge, sondern entsteht aus wiederkehrenden, konsistenten Signalen. LinkedIn® bewertet Inhalte nicht isoliert, sondern im Kontext des gesamten Profils und seiner thematischen Verortung. Beiträge ohne klaren Bezug zu Rolle, Thema oder Zielgruppe verlieren schneller an Durchlässigkeit, unabhängig von ihrer fachlichen Qualität.

Die Mechanik der Plattform begünstigt damit Akteure, die über Zeit hinweg nachvollziehbare Schwerpunkte setzen. Nicht Häufigkeit, sondern Anschlussfähigkeit wird zur zentralen Voraussetzung für Wahrnehmung.

Für Kanzleien und Banken hat dieser Mechanismus konkrete Konsequenzen. Fachliche Inhalte werden nicht mehr breit ausgespielt, sondern nur dort sichtbar, wo ein inhaltlicher Anschluss wahrscheinlich erscheint. Wiedererkennbarkeit und thematische Konsistenz werden damit zu entscheidenden Voraussetzungen für nachhaltige Wahrnehmung.

Sichtbarkeit entsteht unter diesen Bedingungen nicht durch punktuelle Aktivität, sondern durch kumulative Signale. Profile, die über längere Zeit hinweg klar verortbare Themen besetzen, werden wahrscheinlicher als relevant eingestuft als solche, die situativ reagieren oder inhaltlich fragmentiert bleiben. Wahrnehmung auf LinkedIn® ist damit kein kurzfristiger Effekt, sondern das Ergebnis strategischer Kontinuität.

2.1 Wie Algorithmen digitale Wahrnehmung strukturieren

Digitale Wahrnehmung folgt heute nicht mehr ausschließlich menschlicher Aufmerksamkeit. Auf Plattformen wie LinkedIn® bestimmen algorithmische Systeme, welche Inhalte sichtbar werden, wem sie angezeigt werden und in welchem Kontext sie erscheinen.

Diese Systeme verfolgen ein klares Ziel: Sie sollen relevante Inhalte priorisieren und Nutzer möglichst lange auf der Plattform halten. Relevanz wird nicht abstrakt bewertet, sondern anhand konkreter Signale gemessen. Inhalte, Profile und Interaktionen werden fortlaufend analysiert und miteinander in Beziehung gesetzt.

Für Kanzleien und Banken bedeutet das: Sichtbarkeit ist das Ergebnis eines Zusammenspiels aus Profilqualität, thematischer Klarheit und kontinuierlicher Interaktion.

Algorithmen bevorzugen Inhalte und Akteure, die als verlässlich, konsistent und thematisch eindeutig wahrgenommen werden. Wer nur sporadisch sichtbar ist

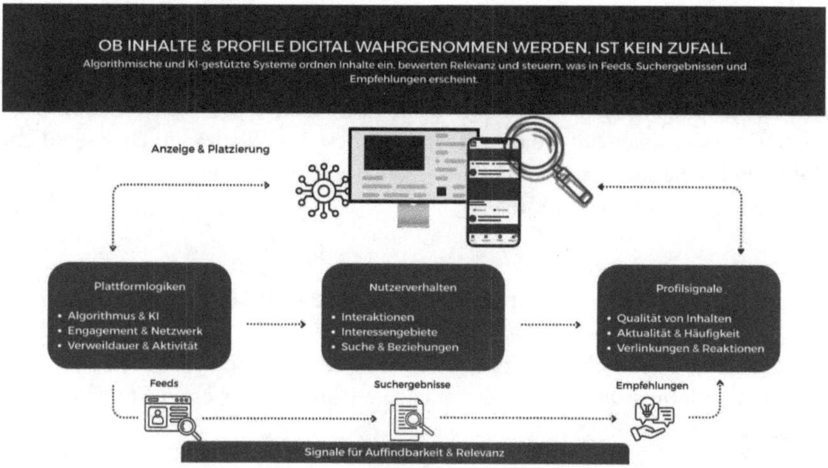

Abb. 2.1 Signale für Auffindbarkeit und Relevanz. (Quelle: Eigene Darstellung)

oder sehr unterschiedliche Themen adressiert, sendet widersprüchliche Signale und verliert an Relevanz. (vgl. Abb. 2.1).

2.2 Welche Signale LinkedIn® zur Bewertung von Relevanz nutzt

LinkedIn® bewertet Sichtbarkeit auf mehreren Ebenen. Entscheidend ist nicht ein einzelner Faktor, sondern die Kombination verschiedener Signale. Dazu gehören insbesondere:

- die Vollständigkeit und Klarheit von Profilen,
- die thematische Ausrichtung von Inhalten,
- die Qualität und Art von Interaktionen,
- sowie die Regelmäßigkeit der Aktivität.

Profile fungieren als Ankerpunkt. Sie geben dem System Orientierung darüber, wofür eine Person oder Organisation steht. Inhalte verstärken oder schwächen dieses Bild. Interaktionen, etwa Kommentare oder geteilte Inhalte, wirken als Bestätigung oder Korrektiv.

Nicht jede Form von Aktivität wird gleich bewertet. Oberflächliche Interaktionen oder beliebige Inhalte erzeugen kurzfristige Signale, tragen aber kaum zur langfristigen Positionierung bei. Sichtbarkeit entsteht dort, wo Inhalte als fachlich relevant eingeordnet werden und in ein klares thematisches Umfeld passen.

Für Organisationen mit vielen Akteuren ist diese Logik relevant. Uneinheitliche Profile und unkoordinierte Aktivitäten senden widersprüchliche Signale und erschweren algorithmische Einordnung.

2.3 Die Rolle von Konsistenz, Kontext und Kontinuität

Digitale Sichtbarkeit ist kein statischer Zustand, sondern ein dynamischer Prozess. Algorithmen lernen über Zeit. Sie beobachten Muster, bewerten Entwicklungen und passen Ausspielungen entsprechend an.

- **Konsistenz** spielt eine zentrale Rolle. Wer über längere Zeit hinweg ähnliche Themen bearbeitet, ähnliche Zielgruppen adressiert und in vergleichbaren Kontexten sichtbar ist, wird klarer eingeordnet. Diese Einordnung erhöht die Wahrscheinlichkeit, dass Inhalte relevanten Personen angezeigt werden.
- **Kontinuität** bedeutet nicht permanente Aktivität. Entscheidend ist Regelmäßigkeit im Rahmen realistischer Ressourcen. Gerade in Kanzleien und Banken ist Sichtbarkeit dann wirksam, wenn sie in den Arbeitsalltag integrierbar ist und nicht als zusätzliche Belastung empfunden wird.
- **Kontext** entsteht zudem durch Netzwerke. Mit wem eine Person oder Organisation interagiert, welche Inhalte kommentiert werden und welche Themen im Umfeld sichtbar sind, beeinflusst, wie stark ein Beitrag im Feed bevorzugt wird.

▶ **Definition** Konsistenz beschreibt hier die Übereinstimmung von Profil, Themen, Inhalten und Interaktionen über einen längeren Zeitraum hinweg.

2.4 Warum punktuelle Aktivitäten kaum Wirkung entfalten

In Unternehmen wird digitale Sichtbarkeit auf und mithilfe von LinkedIn® häufig über einzelne Maßnahmen gedacht: ein Beitrag, eine Kampagne, eine kurzfristige Aktivierung. Diese Aktivitäten können Aufmerksamkeit erzeugen, führen aber selten zu nachhaltiger Wahrnehmung.

Der Grund liegt in der Funktionsweise algorithmischer Systeme. Einzelne Signale verlieren schnell an Bedeutung, wenn sie nicht durch weitere Aktivitäten bestätigt werden. Sichtbarkeit entsteht durch Wiederholung, nicht durch Intensität.

Für Kanzleien und Banken ist diese Erkenntnis besonders relevant, denn Zeit ist knapp und Ressourcen sind begrenzt. Gerade deshalb ist es wichtig, Sichtbarkeit nicht als Abfolge von Einzelaktionen zu planen, sondern als strukturierten Prozess.

Digitale Präsenz entfaltet ihre Wirkung dort, wo sie langfristig angelegt ist, klare Schwerpunkte setzt und organisatorisch getragen wird. Genau an dieser Stelle setzt die strategische Nutzung von LinkedIn® an, als Instrument, das Planung, Struktur und Verantwortlichkeit erfordert.

▶ **Merksatz** Nachhaltige Sichtbarkeit entsteht durch Wiedererkennbarkeit, nicht durch Aktivitätsspitzen.

Aus der Beratungspraxis

In der Beratung von Kanzleien und Banken zeigt sich, dass Profile mit klarer thematischer Fokussierung langfristig deutlich stabilere Sichtbarkeit entwickeln als Profile mit häufig wechselnden Themen. Einzelne Aktivitätsspitzen erzeugen kurzfristige Aufmerksamkeit, verändern die digitale Wahrnehmung jedoch kaum nachhaltig. ◀

Welche Inhalte und Profile sichtbar werden, folgt klaren systemischen Regeln. Algorithmen, kuratierte Feeds und KI-gestützte Systeme ordnen Informationen ein, bewerten Relevanz und steuern digitale Wahrnehmung. Dieses Kapitel erläutert, nach welchen Prinzipien LinkedIn® diese Prozesse organisiert und welche Signale für Auffindbarkeit und Sichtbarkeit ausschlaggebend sind. Es macht verständlich, wie Profile, Inhalte, Interaktionen und Konsistenz zusammenwirken und warum punktuelle Aktivitäten kaum Wirkung entfalten.

LinkedIn® als strategisches Instrument für Kanzleien und Banken

3

LinkedIn® kann weit mehr leisten als Imagepflege. Für Kanzleien und Banken ist die Plattform ein zentrales Instrument für Geschäftsentwicklung, Recruiting und fachliche Positionierung. Dieses Kapitel zeigt, wie LinkedIn® entlang dieser Ziele eingesetzt werden kann und welche Besonderheiten in juristischen und finanziellen Organisationen zu berücksichtigen sind. Es beleuchtet die Rolle von Partnern, Fachbereichen und Praxisgruppen und zeigt, wie thematische Schwerpunkte sichtbar gemacht werden können, ohne interne Strukturen zu überlasten oder regulatorische Grenzen zu überschreiten.

Die unterschiedlichen Einsatzfelder von LinkedIn® in Kanzleien und Banken lassen sich entlang von Geschäftsentwicklung, Recruiting und fachlicher Positionierung systematisieren (vgl. Abb. 3.1).

N. Freitag, *Erfolgreich auf LinkedIn®: Strategien für Kanzleien und Banken*, essentials, https://doi.org/10.1007/978-3-658-52274-2_3

EINSATZFELDER VON LINKEDIN IN KANZLEIEN UND BANKEN
LinkedIn wirkt gleichzeitig auf Personen-, Fach- und Organisationsebene.

	Personenprofile	**Praxisgruppen / Fachbereiche**	**Unternehmensseite**
1) Vertrauen & Erstkontakt	• Vertrauen in Ansprechpartner • Erstkontakt & Gesprächsanlässe • Netzwerkaufbau	• Sichtbarkeit konkreter Beratungsfelder • Klare Zuständigkeiten	• Positionierung im Markt • Seriösität & Institutionelles Vertrauen
2) Expertise & Sicherheit	• Einblicke in Team & Arbeitsweisen • Wiedererkennbarkeit im Markt	• Fachliche Tiefe und Konsistenz • Attraktivität für Experten	• Positionierung im Markt • Strategische Einordnung
3) Reputationsaufbau	• Reputation durch Präsenz • Glaubwürdigkeit durch Persönlichkeit	• Qualitätsbeweis durch Insights • Konsistente fachliche Themenführung	• Vertrauen in die Marke • Reputation als Institution
4) Recruiting	• Einordnung aktueller Entwicklungen	• Themenhoheit in definierten Feldern	• Employer Branding • Benefits, Programme, Einstiegspfade
5) Geschäftsentwicklung & Mandatsanbahnung	• Netzwerkausbau • Gesprächsanlässe schaffen	• Sichtbarkeit konkreter Leistungen • Leads durch Problemlösungs-Content	• Konsistente Kommunikation nach außen • Community- & Event-Kommunikation

LinkedIn erfasst seine Wirkung nicht isoliert, sondern im Zusammenspiel von Personen, Fachbereich & Organisation.

Abb. 3.1 Einsatzfelder von LinkedIn® in Kanzleien und Banken. (Quelle: Eigene Darstellung)

3.1 LinkedIn® im Kontext von Geschäftsentwicklung und Beziehungspflege

Kanzleien und Banken basieren auf Vertrauen, langfristigen Beziehungen, fachlicher Glaubwürdigkeit und nachweisbarer Leistung. LinkedIn® unterstützt die Geschäftsentwicklung nicht durch direkte Akquise, sondern durch eine vorbereitende Wirkung: Expertise und Erfahrung werden sichtbar, Erfolge und Arbeitsergebnisse werden kontextualisiert, Beziehungen werden gepflegt und Relevanz entsteht über Zeit. So wirkt LinkedIn® als strukturelles Instrument, das bestehende Vertriebs-, Beziehungs- und Empfehlungslogiken sinnvoll ergänzt.

Profile, Inhalte und Interaktionen schaffen Kontext, bevor ein Gespräch stattfindet. Sie ermöglichen es potenziellen Mandanten und Kunden, Expertise einzuordnen und Ansprechpartner zu identifizieren. Damit verkürzt LinkedIn® nicht den Entscheidungsprozess, sondern macht ihn effizienter.

Wirksam ist die Plattform dort, wo sie systematisch genutzt wird: als Ort fachlicher Einordnung, als Verlängerung bestehender Kontakte und als Beobachtungsraum für relevante Themen und Akteure. Einzelne Aktivitäten ohne strategischen Rahmen bleiben dagegen meist folgenlos.

> **Merksatz** LinkedIn® wirkt vorbereitend auf Beziehungen, es ersetzt sie nicht.

3.2 Recruiting und Arbeitgeberreputation im digitalen Raum

Neben der Geschäftsentwicklung spielt LinkedIn® eine zentrale Rolle im Recruiting. Fachkräfte informieren sich heute nicht nur über Stellenanzeigen, sondern über Menschen, Teams und Arbeitsweisen. Sichtbare Führungskräfte und Fachbereiche prägen das Bild einer Organisation als Arbeitgeber.

Für Kanzleien und Banken bedeutet das: Arbeitgeberreputation entsteht nicht allein über offizielle Kommunikation, sondern über die Summe individueller Profile und Inhalte. Authentische Einblicke, fachliche Beiträge und sichtbare Interaktion wirken glaubwürdiger als formalisierte Kampagnen.

Es ist entscheidend, dass Recruiting nicht isoliert betrachtet wird. Sichtbarkeit im Recruiting-Kontext profitiert von denselben Grundlagen wie geschäftliche Sichtbarkeit: einem klaren Profil, das über die Zeit erkennbar bleibt.

> **Merksatz** Im Recruiting wirkt LinkedIn® nicht primär über Stellenanzeigen, sondern über die Sichtbarkeit von Führung, Teams und fachlicher Arbeitsweise.

3.3 Besonderheiten regulierter Organisationen

Anders als die meisten Organisationen unterliegen Kanzleien und Banken einer eigenen Kommunikationslogik. Regulatorische Anforderungen, interne Governance-Strukturen und Haftungsfragen prägen den Umgang mit öffentlicher Sichtbarkeit.

Diese Rahmenbedingungen erfordern klare Leitplanken. Unkoordinierte Aktivitäten oder individuelle Alleingänge können Risiken erzeugen, nicht nur rechtlich, sondern auch reputativ. Gleichzeitig darf Regulierung nicht als Argument für vollständige Zurückhaltung dienen.

Strategische LinkedIn®-Nutzung bedeutet in diesem Kontext, Spielräume zu definieren:

- Welche Themen sind kommunikativ gewünscht?
- Welche Rollen tragen welche Verantwortung?
- Welche Abstimmungsprozesse sind notwendig und welche nicht?

Sichtbarkeit funktioniert dort am besten, wo sie bewusst ermöglicht wird, statt sie durch Unsicherheit zu blockieren.

▶ **Definition** In Kanzleien und Banken erfordert digitale Sichtbarkeit einen bewussten Umgang mit Plattformen und Inhalten. Strategische Sichtbarkeit bezeichnet die gezielte und abgestimmte Nutzung digitaler Plattformen innerhalb klar definierter organisatorischer und regulatorischer Rahmenbedingungen.

3.4 Praxisgruppen und Fachbereiche thematisch verankern

Praxisgruppen oder thematische Einheiten in Kanzleien sowie Fachbereiche in Banken sind zentrale Träger fachlicher Expertise. Ihre Sichtbarkeit prägt maßgeblich, wie eine Organisation thematisch wahrgenommen und eingeordnet wird.

LinkedIn® bietet die Möglichkeit, diese Expertise sichtbar zu machen, jedoch nicht über isolierte Einzelkanäle, sondern durch die koordinierte Nutzung von Personenprofilen, der Unternehmensseite und – wo sinnvoll – thematisch ausgerichteten Fokusseiten. Fachliche Schwerpunkte wirken dort glaubwürdig, wo mehrere Akteure konsistent zu verwandten Themen sichtbar sind und ihre Aktivitäten aufeinander Bezug nehmen.

Entscheidend ist nicht die Quantität einzelner Beiträge, sondern die inhaltliche Abstimmung. Wenn Profile, Inhalte und Interaktionen auf gemeinsame Themen einzahlen, entsteht ein klares fachliches Profil. Dieses wirkt nach außen orientierend und nach innen strukturierend.

Während dieser Mechanismus in Kanzleien häufig unmittelbar über Praxisgruppen greift, zeigt er sich in Banken vor allem auf Ebene von Fachbereichen, Themenclustern oder strategischen Initiativen.

▶ **Merksatz** Themenführerschaft entsteht durch Abstimmung, nicht durch Einzelstimmen.

3.5 Von Aktivität zur Strategie

Viele Organisationen beginnen ihre LinkedIn®-Nutzung mit operativen Maßnahmen: Beiträge werden veröffentlicht, Kampagnen gestartet, Profile optimiert. Erst später wird deutlich, dass ohne einen strategischen Rahmen nachhaltige Wirkung ausbleibt.

Sichtbarkeit bleibt fragmentiert, Aktivitäten verlaufen nebeneinander und lassen sich weder steuern noch bewerten.

Strategie bedeutet in diesem Zusammenhang mehr als Themenplanung. Sie umfasst einen verbindlichen Rahmen, der Orientierung gibt und Handlungssicherheit schafft.

Dazu gehören:

- klar definierte Ziele, die über reine Aktivität hinausgehen,
- festgelegte Rollen und Verantwortlichkeiten,
- abgestimmte thematische Schwerpunkte,
- Leitlinien und Guidelines, die Konsistenz und regulatorische Sicherheit gewährleisten,
- sowie Qualifizierung und Befähigung, etwa durch Schulungen oder begleitende Formate.

Erst wenn diese Elemente zusammenspielen, kann LinkedIn® seine Wirkung als strategisches Instrument entfalten. Sichtbarkeit wird dann nicht dem Zufall überlassen, sondern gezielt ermöglicht und gesteuert.

Dieses Kapitel bildet damit die Brücke zwischen Verständnis und Umsetzung. In den folgenden Kapiteln geht es darum, wie Personenmarken, Unternehmensseiten, Prozesse und Erfolgsmessung konkret ausgestaltet werden können.

Die Entwicklung zentraler LinkedIn®-Kennzahlen deutet darauf hin, dass sich die Plattform in den vergangenen Jahren deutlich ausdifferenziert hat. Trotz eines stark steigenden Content-Volumens sind die durchschnittlichen Impressionen pro Beitrag rückläufig (vgl. Metricool Social Media Studie 2026).

LinkedIn® selbst gibt an, weltweit rund 1,3 Mrd. Mitglieder in über 200 Ländern und Regionen zu verzeichnen. Im deutschsprachigen Raum (DACH) nutzen LinkedIn® mittlerweile rund 29 Mio. Mitglieder (vgl. LinkedIn® 2025, Unternehmensangaben). Die Plattform wächst damit nicht nur geografisch, sondern auch in ihrer Bedeutung als globaler Arbeits- und Kommunikationsraum (vgl. LinkedIn® 2025, Unternehmensangaben). Mit der steigenden Zahl aktiver Akteure nimmt zugleich das Volumen veröffentlichter Inhalte kontinuierlich zu.

Für die strategische Steuerung hat diese Entwicklung erhebliche Konsequenzen. Wenn mehr Akteure gleichzeitig kommunizieren, verliert die reine Aktivitätslogik an Steuerungskraft. Mehr Beiträge zu veröffentlichen, erhöht nicht automatisch die Wahrscheinlichkeit, wahrgenommen zu werden. Im Gegenteil: Unkoordinierte Aktivität kann die Einordnung sogar erschweren.

Gerade für Kanzleien und Banken ist dieser Befund entlastend. Sichtbarkeit muss nicht über permanente Präsenz erzwungen werden, sondern über bewusste Schwerpunktsetzung. Weniger Themen, klar zugeordnete Rollen und konsistente Wiederholung erhöhen die Anschlussfähigkeit deutlich stärker als eine hohe Schlagzahl.

Metricool-Daten machen sichtbar, dass Reichweite und Interaktion selektiv entstehen. Diese Selektivität ist kein Nachteil, sondern Voraussetzung dafür, dass fachliche Positionierung überhaupt noch möglich ist. LinkedIn® wird damit weniger zu einem Kanal für breite Streuung und stärker zu einem Raum strategischer Profilbildung.

Damit verändert sich auch die Erwartung an die Nutzung der Plattform. Sichtbarkeit entsteht nicht mehr zufällig oder kurzfristig, sondern als Ergebnis strategischer Klarheit. Diese Logik bildet die Grundlage für die Ausgestaltung von Personenmarken, Unternehmensseiten und organisatorischen Prozessen, die in den folgenden Kapiteln vertieft werden.

Aus der Beratungspraxis

In der Beratung von Kanzleien und Banken zeigt sich, dass LinkedIn®-Aktivitäten häufig aus einzelnen Initiativen heraus entstehen, etwa aus Marketing, HR oder dem Engagement einzelner Partner. Was oft fehlt, ist eine gemeinsame Entscheidung, das Thema dauerhaft und mit Rückhalt der Kanzlei anzugehen. Aktivitäten werden dann gestartet, nach einiger Zeit aber wieder reduziert oder ganz eingestellt. Dort, wo mehrere Partner hinter dem Thema stehen und Sichtbarkeit als langfristige Aufgabe verstanden wird, lassen sich erst tragfähige Strukturen, klare Rollen und eine konsistente Präsenz aufbauen. ◄

4 Personenmarken und Unternehmensseiten: Rollen, Wirkung und Zusammenspiel

Nähe, Expertise und Persönlichkeit entstehen im digitalen Raum vor allem über Personenprofile, während Unternehmensseiten für Struktur, Einordnung und Orientierung sorgen. Dieses Kapitel beschreibt die unterschiedlichen Rollen von Personenmarken und Unternehmensseiten und zeigt, warum isolierte Aktivitäten ihre Wirkung verfehlen. Es erklärt Do's und Don'ts auf beiden Ebenen und zeigt, wie eine abgestimmte Kommunikation zwischen Personen, Fachbereichen und Organisation zu einer konsistenten Markenwirkung führt.

4.1 Personenprofile als Träger von Expertise und Vertrauen

Es sind Menschen, die Vertrauen aufbauen. Mandanten, Kunden und Bewerber orientieren sich an Personen, nicht an Logos. Personenprofile spielen daher eine zentrale Rolle in der digitalen Wahrnehmung.

Ein professionell geführtes Profil vermittelt fachliche Schwerpunkte, berufliche Haltung und Zugehörigkeit zur Organisation. Es ermöglicht Einordnung, ohne persönliche Gespräche zu ersetzen. Es geht nicht um Selbstdarstellung, sondern um fachliche Verortung.

Besonders wirksam sind Profile, die klar erkennen lassen, wofür eine Person steht und welche fachlichen Erfahrungen und Erfolge sie mitbringt. Sichtbar wird damit nicht nur Expertise, sondern auch Ergebnisfähigkeit. Unschärfe oder thema-

N. Freitag, *Erfolgreich auf LinkedIn®: Strategien für Kanzleien und Banken*, essentials, https://doi.org/10.1007/978-3-658-52274-2_4

tische Beliebigkeit erschweren diese Einordnung, sowohl für Menschen als auch für algorithmische Systeme.

Personenprofile fungieren damit zugleich als digitale Visitenkarten und als Referenzpunkte für Vertrauen im professionellen Kontext.

> **Merksatz** Personenprofile sind keine Werbeflächen, sondern Orte, an denen fachliche Einordnung und Persönlichkeit Vertrauen schaffen.

Aus der Beratungspraxis

Es zeigt sich immer wieder, dass LinkedIn®-Aktivitäten in Kanzleien und Banken aus einzelnen Initiativen heraus entstehen, etwa aus Marketing, HR oder dem Engagement einzelner Partner. Was oft fehlt, ist eine gemeinsame Entscheidung, das Thema dauerhaft und mit Rückhalt der Kanzlei anzugehen. Aktivitäten werden dann gestartet, nach einiger Zeit aber wieder reduziert oder ganz eingestellt. Oft auch, weil niemand im Haus anknüpft oder nur wenige darauf sichtbar reagieren, durch Likes, Kommentare oder das Teilen im eigenen Profil. Erst wenn mehrere Partner, bzw. Berufsträgerhinter dem Thema stehen und Sichtbarkeit als langfristige Aufgabe verstanden wird, lassen sich tragfähige Strukturen, klare Rollen und eine konsistente Präsenz aufbauen. ◄

Wirkungsvolle Personenprofile entstehen meist nicht durch hohe Aktivität, sondern durch klare fachliche Schwerpunkte und persönliche Anknüpfungspunkte. Erfolgreiche Profile verbinden fachliche Einordnung mit Elementen, die den Menschen hinter der Expertise sichtbar machen.

Neben der Darstellung fachlicher Themen gehören dazu bewusst gewählte persönliche Inhalte: Einblicke in Arbeitsweisen, Werte, Motivation oder prägende Erfahrungen. Gemeint ist nicht Privates im engeren Sinne, sondern Persönliches, das Orientierung schafft und Beziehung ermöglicht. Wer fachlich arbeitet, trifft Entscheidungen, entwickelt Haltungen und übernimmt Verantwortung und genau diese Dimension macht Profile anschlussfähig.

Die Verbindung aus fachlicher Substanz und persönlicher Perspektive erhöht Reichweite, erleichtert Interaktion und stärkt Vertrauen. Sie hilft Leserinnen und Lesern, nicht nur Kompetenz, sondern auch Passung einzuschätzen.

Profile, die diese Mischung zulassen, wirken glaubwürdig und konsistent. Sie machen deutlich, wofür eine Person fachlich steht und wer sie als Mensch in ihrer beruflichen Rolle ist. Dadurch werden sie sowohl von Menschen als auch von algorithmischen Systemen klarer eingeordnet.

4.2 Die Rolle der Unternehmensseite als struktureller Rahmen

Unternehmensseiten erfüllen eine andere Funktion als Personenprofile. Sie bieten Kontext, bündeln Informationen und schaffen Orientierung über Leistungen, Strukturen und Kultur einer Organisation.

Für Kanzleien und Banken ist die Unternehmensseite kein Ersatz für individuelle Sichtbarkeit, sondern deren Ergänzung. Sie dient als Referenzpunkt für:

- Positionierung und Leistungsportfolio,
- Praxisgruppen oder Fachbereiche,
- Karriere- und Recruitinginformationen,
- sowie Veranstaltungen und Veröffentlichungen.

Eine gut gepflegte Unternehmensseite stärkt die Glaubwürdigkeit der individuellen Profile. Umgekehrt wirken aktive Personenprofile strukturierter, wenn sie auf eine konsistente Organisationsdarstellung verweisen können.

Praxisbeispiel Unternehmensseite
Unternehmensseiten erfüllen ihre Funktion gut, wenn sie nicht als Nachrichtenkanal, sondern als struktureller Referenzpunkt genutzt werden.

Bewährt haben sich insbesondere:

- das gezielte Aufgreifen und Einordnen fachlicher Themen aus Personenprofilen oder Praxisgruppen,
- das bewusste Reagieren auf relevante Beiträge von Partnern, Führungskräften oder Fachbereichen, um Inhalte sichtbar zu verstärken und organisatorisch zu verankern,
- die Kontextualisierung relevanter Veröffentlichungen, Veranstaltungen oder Studien,
- sowie punktuelle Akzente zu Strategie, Kultur oder Recruiting.

Die Unternehmensseite muss nicht hochfrequent bespielt werden. Entscheidend ist, dass sie Aktualität, thematische Klarheit und Anschlussfähigkeit vermittelt und individuelle Sichtbarkeit sinnvoll ergänzt, statt sie zu ersetzen.

4.3 Fachbereiche und Fokusseiten als thematische Klammer

Neben Personenprofilen und der zentralen Unternehmensseite bieten sich für Kanzleien und Banken zusätzliche Möglichkeiten, fachliche Schwerpunkte sichtbar zu machen. LinkedIn® ermöglicht es, im Rahmen der Unternehmensseite sogenannte Fokusseiten für einzelne Themen, Fachbereiche oder Leistungsfelder einzurichten.

Diese Seiten eignen sich insbesondere dort, wo fachliche Expertise dauerhaft gebündelt und nachvollziehbar dargestellt werden soll. Sie schaffen einen eigenen Bezugspunkt für bestimmte Themenfelder, ohne die Hauptseite zu überfrachten oder zusätzliche Einzelkanäle aufzubauen.

Fokusseiten entfalten ihre Wirkung vor allem im Zusammenspiel mit Personenprofilen. Inhalte aus Fachbereichen können dort eingeordnet, vertieft und mit den Beiträgen beteiligter Personen verknüpft werden. So entsteht thematische Sichtbarkeit, die nicht an einzelne Profile gebunden ist, sondern organisatorisch verankert bleibt.

Fokusseiten sind kein Muss für jede Organisation. Sie eignen sich insbesondere für größere Kanzleien oder Banken mit klar abgegrenzten Fachbereichen oder strategischen Schwerpunkten. Entscheidend ist nicht die Anzahl der Seiten, sondern ihre inhaltliche Pflege und Einbettung in das Gesamtbild.

4.4 Zusammenspiel von Personen, Fachbereichen und Organisation

Digitale Wahrnehmung auf LinkedIn® entsteht im professionellen Umfeld nicht durch einzelne Akteure oder isolierte Aktivitäten, sondern durch das koordinierte Zusammenspiel mehrerer Ebenen. Personenprofile, Fachbereiche beziehungsweise Praxisgruppen und die Organisation erfüllen jeweils unterschiedliche Funktionen. Erst wenn diese Funktionen aufeinander abgestimmt sind, entsteht eine konsistente und belastbare Außenwirkung. Wo dieses Zusammenspiel fehlt, bleiben Sichtbarkeit und Resonanz fragmentiert, unabhängig von der Qualität einzelner Beiträge.

4.4.1 Personenprofile: Nähe, Einordnung und Beziehung

Personenprofile sind der zentrale Träger von Nähe und persönlicher Einordnung. Sie machen fachliche Expertise sichtbar, geben Themen ein Gesicht und ermöglichen dialogische Anschlussfähigkeit. Kommentare, persönliche Perspektiven und individuelle Schwerpunktsetzungen sorgen dafür, dass Inhalte nicht abstrakt bleiben, sondern als Teil eines professionellen Diskurses wahrgenommen werden. Damit übernehmen Personenprofile eine Rolle, die weder Unternehmensseiten noch Fachbereiche ersetzen können: Sie schaffen Vertrauen durch persönliche Präsenz.

Diese Wirkung ist jedoch nicht automatisch strategisch. Personenprofile entfalten ihre volle Kraft nur dann, wenn sie nicht losgelöst agieren. Isolierte Sichtbarkeit einzelner Akteure kann kurzfristig Aufmerksamkeit erzeugen, führt jedoch häufig zu einer diffusen Wahrnehmung, wenn unklar bleibt, wie die gezeigten Positionen fachlich oder organisatorisch einzuordnen sind. Personenprofile sind daher kein Ersatz für organisationale Kommunikation, sondern ein integraler Bestandteil eines größeren Systems.

4.4.2 Fachbereiche und Praxisgruppen: thematische Verortung und Kontinuität

Fachbereiche oder Praxisgruppen übernehmen im Zusammenspiel eine vermittelnde Funktion. Sie ordnen individuelle Beiträge in fachliche Zusammenhänge ein und schaffen thematische Kontinuität. Während Personenprofile Perspektive und Beziehung herstellen, sorgen Fachbereiche für Wiedererkennbarkeit auf Themenebene. Sie machen sichtbar, wofür eine Organisation steht, welche Schwerpunkte sie setzt und wie sich einzelne Beiträge zu einem größeren fachlichen Bild fügen.

In der digitalen Wahrnehmung fungieren Fachbereiche damit als thematische Anker. Beiträge einzelner Personen gewinnen an Bedeutung, wenn sie als Teil eines erkennbaren Leistungsfeldes erscheinen. Umgekehrt bleiben Fachbereiche abstrakt, wenn sie nicht durch konkrete Personen repräsentiert werden. Ohne diese Ebene entstehen zwei typische Brüche: Entweder sind Personen sichtbar, ohne dass klar wird, wofür die Organisation fachlich steht, oder Themen werden kommuniziert, ohne dass erkennbar ist, wer sie verantwortet. Das Zusammenspiel von Personen und Fachbereichen ist daher eine zentrale Voraussetzung für konsistente Wahrnehmung.

4.4.3 Die Organisation: Rahmen, Orientierung und Legitimation

Die Organisation schafft den strukturellen Rahmen, innerhalb dessen Personen und Fachbereiche wirksam werden können. Sie definiert nicht Inhalte im Detail, sondern sorgt für Orientierung, Legitimation und Verlässlichkeit. Unternehmensseiten bündeln Themen, stellen Zusammenhänge her und signalisieren organisatorische Verankerung. Gleichzeitig übernehmen sie eine koordinierende Funktion, indem sie Sichtbarkeit nicht zentralisieren, sondern ermöglichen.

Entscheidend ist weniger die operative Aktivität der Unternehmensseite als ihre Rolle im Gesamtsystem. Dort, wo Organisationen klare Erwartungen formulieren, Rollen benennen und Sichtbarkeit als Teil professioneller Arbeit anerkennen, entsteht Stabilität. Wo hingegen Unsicherheit herrscht oder Kommunikation ausschließlich operativ gedacht wird, bleibt das Zusammenspiel brüchig. Organisationale Klarheit ist damit keine Ergänzung zur Personenkommunikation, sondern ihre Voraussetzung.

4.4.4 Mitarbeiterbeteiligung als Strukturprinzip

Aktuelle Analysen zur Funktionsweise von LinkedIn® stützen diese Perspektive. Auswertungen zur algorithmischen Verbreitung legen nahe, dass Reichweite und Interaktion dort entstehen, wo Inhalte nicht nur veröffentlicht, sondern durch Mitarbeitende eingeordnet, kommentiert und weiterentwickelt werden. Richard van der Blom (2025) beschreibt diesen Effekt als ein vernetztes Entdeckungssystem, in dem Sichtbarkeit über viele miteinander verbundene Knotenpunkte entsteht.

Es geht nicht um das bloße Teilen von Unternehmensinhalten, sondern um Kontextualisierung. Beiträge, die von Mitarbeitenden kommentiert oder aufgegriffen werden, erzielen deutlich höhere Interaktionsraten als rein unternehmensseitige Veröffentlichungen. Entscheidend ist jedoch, dass diese Beteiligung strukturell eingebettet ist. Organisationen, die Mitarbeiteraktivität begleiten, orientieren und sichtbar wertschätzen, erzielen signifikant höhere Reichweiten pro Kampagne als solche, die auf spontane oder rein freiwillige Beteiligung setzen (vgl. van der Blom 2025).

Mitarbeiterbeteiligung ist damit kein taktisches Instrument, sondern Ausdruck organisationaler Gestaltung. Sie funktioniert nicht als kurzfristige Maßnahme, sondern als Teil eines Systems, in dem Personen, Fachbereiche und Organisation aufeinander verweisen.

4.4.5 Tonalität als Ausdruck des Zusammenspiels

Auch der Wandel der Tonalität auf LinkedIn® lässt sich vor diesem Hintergrund einordnen. Erfolgreiche Inhalte zeichnen sich durch eine dialogische, kontextbewusste Sprache aus. Van der Blom beschreibt diesen Wandel als Übergang von einer formalisierten, unternehmenszentrierten Kommunikation hin zu einer „brand-in-first-person"-Perspektive (vgl. van der Blom 2025). Dieser Tonwechsel ist weniger eine Stilfrage als ein Indikator für funktionierendes Zusammenspiel.

Dort, wo Personen fachlich verantwortlich kommunizieren, Fachbereiche Themen tragen und die Organisation Orientierung bietet, entsteht eine Sprache, die professionell und zugleich anschlussfähig ist. Umgekehrt wirken formalisierte Sprachregelungen dort sperrig, wo sie versuchen, fehlende Struktur zu kompensieren. Tonalität ist damit kein isolierter Erfolgsfaktor, sondern Spiegel organisationaler Klarheit.

4.4.6 Bezahlte Verstärkung und organisationale Förderung von Sichtbarkeit

Neben organischer Sichtbarkeit stehen Organisationen weitere Instrumente zur Verfügung, um das Zusammenspiel von Personen, Fachbereichen und Organisation gezielt zu unterstützen. Dazu zählen insbesondere bezahlte Reichweite, Fokusseiten sowie strukturierte Programme zur Förderung von Sichtbarkeit. Ihre Wirkung entfalten diese Instrumente jedoch nur dann, wenn sie nicht isoliert, sondern als Ergänzung eines bestehenden Zusammenspiels eingesetzt werden.

Bezahlte Reichweite übernimmt im Zusammenspiel eine verstärkende Funktion. Sie verlängert die Sichtbarkeit von Inhalten, die organisch bereits Resonanz erzeugen und macht thematische Schwerpunkte gezielt für relevante Zielgruppen sichtbar. Strategisch sinnvoll ist vor allem die Bewerbung fachlich positionierter Inhalte aus Personenprofilen, sogenannte „Thought Leader Ads". Beiträge von Partnerinnen, Partnern oder Expertinnen und Experten enthalten häufig mehr Kontext und Einordnung als rein unternehmensseitige Inhalte. Wird diese organische

Wirkung durch Budget verstärkt, entsteht kein Bruch, sondern eine Fortsetzung des Dialogs.

Fokusseiten können als thematische Brücke zwischen Fachbereichen und Organisation dienen. Sie bündeln Inhalte zu langfristig relevanten Themenfeldern und schaffen Orientierung. Gleichzeitig erhöhen zusätzliche Seiten den Koordinationsaufwand und erfordern klare Verantwortlichkeiten. Fokusseiten entfalten daher nur dann nachhaltige Wirkung, wenn sie personell angebunden sind und regelmäßig durch Beiträge aus Personenprofilen gespeist werden. Wo diese Voraussetzungen fehlen, ist es häufig wirksamer, Themen über Personenprofile und die zentrale Unternehmensseite abzubilden.

Auch Programme zur Förderung von Sichtbarkeit, wie etwa Corporate-Influencer-Programme, sind weniger als Maßnahmenkataloge zu verstehen denn als organisatorische Rahmung. Ihre Funktion besteht nicht darin, Kommunikation zu steuern, sondern Beteiligung zu legitimieren und Kontinuität zu ermöglichen. Entscheidend ist, dass Sichtbarkeit nicht belohnt oder erzwungen wird, sondern als Teil professioneller Arbeit anerkannt ist.

Diese Instrumente ersetzen keine klare Rollenverteilung. Sie entfalten ihre Wirkung nur dann, wenn Personen wissen, wofür sie sprechen, Fachbereiche thematische Orientierung bieten und die Organisation den Rahmen setzt. Bezahlte Reichweite, Fokusseiten und Programme sind damit keine eigenständigen Erfolgsfaktoren, sondern strukturelle Ergänzungen eines funktionierenden Zusammenspiels.

4.4.7 Organisatorische Konsequenzen des Zusammenspiels

Wenn das Zusammenspiel von Personen, Fachbereichen und Organisation als Strukturprinzip verstanden wird, ergeben sich bestimmte organisatorische Konsequenzen. Diese zeigen sich weniger in einzelnen Maßnahmen als in wiederkehrenden Formaten. Interne Kick-off-Formate dienen der gemeinsamen Verortung von Zielsetzung und Rollenverständnis. Leitlinien schaffen Orientierung, ohne Kommunikation zu normieren. Programme zur Förderung sichtbarer Rollen legitimieren Beteiligung und sichern Kontinuität.

Das Zusammenspiel von Personen, Fachbereichen und Organisation ist keine additive Aufgabe, sondern eine strukturelle. Jede Ebene erfüllt eine eigene Funktion: Personen schaffen Nähe und Einordnung, Fachbereiche sorgen für thematische Verortung, die Organisation stellt Orientierung und Legitimation bereit. Erst im Zusammenspiel entsteht eine konsistente Wahrnehmung. LinkedIn® macht

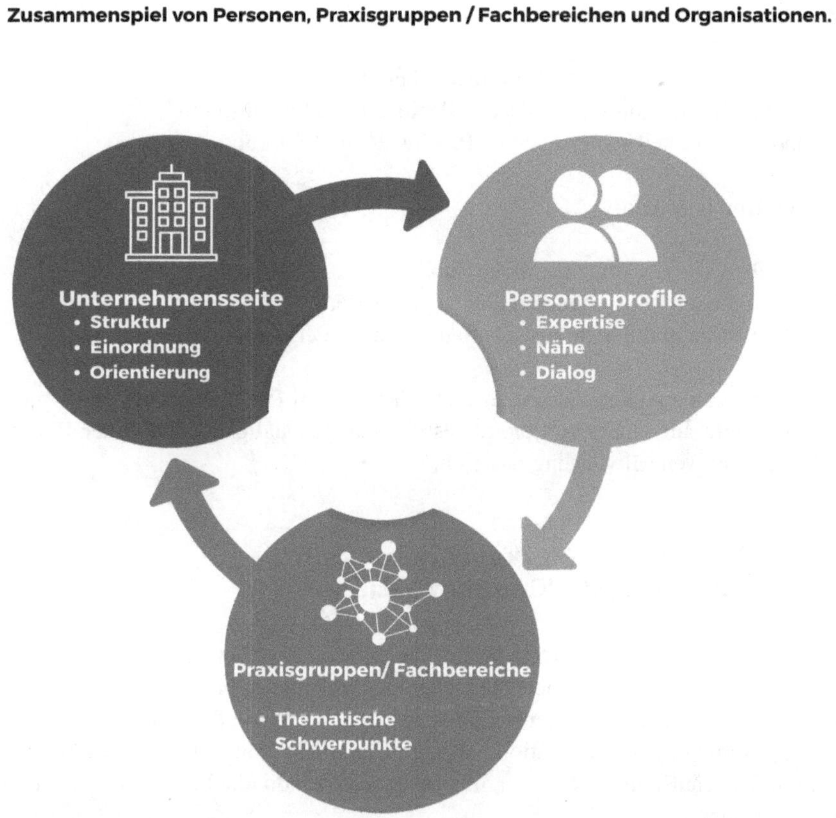

Abb. 4.1 Zusammenspiel von Personen, Praxisgruppen und Organisationen. (Quelle: Eigene Erstellung)

diese Zusammenhänge sichtbar und verstärkt sie zugleich. Wer diese Logik versteht, kann Sichtbarkeit gezielt gestalten, ohne sie zu instrumentalisieren (Abb. 4.1).

4.5 Do's und Don'ts auf unterschiedlichen Ebenen

Wirkungsverluste entstehen häufig durch Missverständnisse über Rollen und Zuständigkeiten. Entweder wird die Unternehmensseite überfrachtet oder Personenprofile bleiben isoliert.

Zu den zentralen Do's gehören:

- klare Profilbeschreibungen mit fachlichem Fokus,
- inhaltliche Abstimmung zwischen Personen und Organisation,
- und realistische Erwartungen an Reichweite und Wirkung.

Zu den Don'ts zählen:

- werbliche Profile ohne fachliche Substanz,
- Unternehmensseiten ohne erkennbare Aktivität,
- sowie widersprüchliche Botschaften zwischen Personen und Organisation.

Eine konsistente Außenwirkung entsteht dann, wenn Personenprofile und Unternehmensseite auf klaren Rollen, abgestimmten Zuständigkeiten und der Bereitschaft zur aktiven Mitwirkung basieren.

4.6 Konsistente Markenwirkung durch abgestimmte Kommunikation

Markenwirkung entsteht nicht durch Gleichförmigkeit, sondern durch Wiedererkennbarkeit. Unterschiedliche Personen können unterschiedliche Perspektiven einbringen, solange sie auf gemeinsame Themen und Werte einzahlen.

Abgestimmte Kommunikation bedeutet daher nicht Kontrolle, sondern Koordination. Sie schafft einen Rahmen, innerhalb dessen individuelle Stimmen sichtbar werden können.

Für Kanzleien und Banken ist diese Balance besonders wichtig. Einerseits sollen Persönlichkeiten sichtbar sein, andererseits muss die Organisation als Ganzes erkennbar bleiben. LinkedIn® bietet dafür die geeignete Struktur, sofern Rollen bewusst definiert sind.

Es zeigt sich, dass Personenprofile ihre Wirkung deutlich verstärken, wenn ihre Inhalte durch die Unternehmensseite aufgegriffen, eingeordnet oder sichtbar gemacht werden. Umgekehrt gewinnen Unternehmensseiten an Glaubwürdigkeit, wenn sie auf aktive, fachlich positionierte Personen verweisen oder deren Beiträge sogar selbst teilen können.

▶ **Merksatz** Konsistenz entsteht durch gemeinsame Themen, nicht durch identische Inhalte.

Damit bildet dieses Kapitel den Übergang zu den operativen Fragen der Umsetzung: Wie werden Rollen, Prozesse und Verantwortlichkeiten so gestaltet, dass dieses Zusammenspiel im Alltag funktioniert?

Prozesse, Strukturen und Verantwortlichkeiten

5

Damit LinkedIn® als Kommunikationskanal mehr ist als eine Abfolge einzelner Aktivitäten, braucht es klare Strukturen. Dieses Kapitel erläutert, wie Kanzleien und Banken Prozesse, Rollen und Verantwortlichkeiten definieren, um ihre Kommunikation dauerhaft tragfähig zu organisieren. Es zeigt, wie Aufgaben verteilt, Abstimmungen koordiniert und rechtliche Anforderungen berücksichtigt werden, sodass die Außenwirkung nicht vom Zufall oder vom Engagement einzelner Personen abhängt (Abb. 5.1).

5.1 Sichtbarkeit in volle Arbeitsalltage integrieren

Zeit ist in Kanzleien und Banken eine knappe Ressource. Sichtbarkeit scheitert selten am Willen, sondern an fehlender Integration in bestehende Abläufe. Wenn digitale Präsenz als zusätzliche Aufgabe verstanden wird, gerät sie schnell in Konkurrenz zu operativen Prioritäten.

Wirksam wird Sichtbarkeit dort, wo sie als Teil bestehender Routinen gedacht wird. Kurze, planbare Zeitfenster, klare Erwartungen und realistische Ziele sind entscheidend. Nicht jede Rolle muss gleich sichtbar sein, nicht jede Person gleich aktiv.

Führung bedeutet in diesem Kontext, Prioritäten zu setzen und Sichtbarkeit als legitimen Bestandteil professioneller Arbeit zu definieren, nicht als freiwillige Zusatzleistung.

N. Freitag, *Erfolgreich auf LinkedIn®: Strategien für Kanzleien und Banken*, essentials, https://doi.org/10.1007/978-3-658-52274-2_5

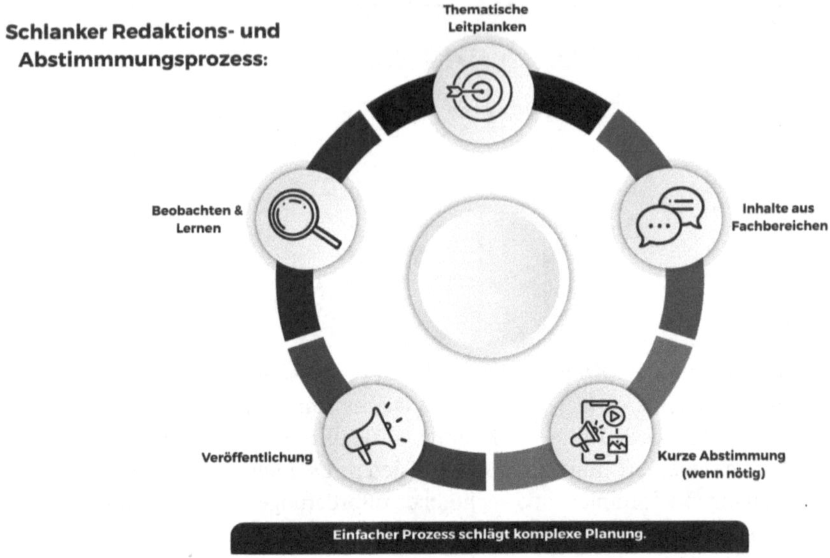

Abb. 5.1 Schlanker Redaktions- und Abstimmungsprozess. (Quelle: Eigene Darstellung)

► **Merksatz** Sichtbarkeit funktioniert nur, wenn sie organisatorisch erlaubt und zeitlich realistisch ist.

5.2 Rollenverteilung in Kanzleien und Banken

LinkedIn® wirkt dann effektiv, wenn unterschiedliche Rollen klar definiert sind und sich ergänzen. In Kanzleien und Banken sind folgende Rollen sinnvoll:

- Partner und Führungskräfte als sichtbare Repräsentanten der Organisation,
- Fachbereiche und Praxisgruppen als thematische Träger fachlicher Expertise,
- Marketing- und Business-Development-Teams als koordinierende Instanz,
- HR als aktiver Gestalter von Recruiting und Arbeitgebermarke.

Nicht jede Rolle muss operativ aktiv sein. Entscheidend ist, dass Zuständigkeiten klar benannt sind, Erwartungen transparent kommuniziert werden und Beteiligung ausdrücklich gewollt ist und nicht allein formal zugewiesen.

5.3 Redaktionsroutinen und Koordination

Wirksame LinkedIn®-Kommunikation entsteht durch Wiederholung, Lernschleifen und Verlässlichkeit. Genau hier setzen Redaktionsroutinen an. Sie schaffen Kontinuität, ohne den Arbeitsalltag unnötig zu belasten, und ermöglichen Koordination, ohne starre Prozesse einzuführen.

In Kanzleien und Banken haben sich schlanke Routinen bewährt. Sie orientieren sich nicht an klassischen Marketing-Redaktionsplänen, sondern an vorhandenen Arbeits- und Kommunikationsmustern.

Typische Bausteine funktionierender Routinen sind

- thematische Leitplanken, die für einen überschaubaren Zeitraum gelten (z. B. ein Quartal),
- regelmäßige, aber kurze Abstimmungen,
- klare Zuständigkeiten für Koordination und Veröffentlichung,
- sowie einfache Auswertungen zur Einordnung der Wirkung.

Von der Themenidee zur Veröffentlichung

Anlässe für Inhalte entstehen häufig dort, wo fachlich gearbeitet wird: in Mandaten, Projekten, Transaktionen, Studien oder regulatorischen Veränderungen. Redaktionsroutinen sorgen dafür, dass diese Anlässe nicht zufällig genutzt werden, sondern systematisch aufgegriffen werden können.

Hier ein sinnvoller Ablauf:

1. Thematische Fokussierung:
   Für einen definierten Zeitraum wird festgelegt, welche Themen im Vordergrund stehen sollen, wie etwa bestimmte Rechtsgebiete, Branchen, regulatorische Entwicklungen oder strategische Schwerpunkte der Organisation. Diese Leitplanken geben Orientierung, ohne Inhalte im Detail vorzugeben.
2. Input aus den Fachbereichen:
   Fachliche Impulse kommen aus Personenprofilen, Fachbereichen oder Praxisgruppen. Das können kurze Hinweise, Stichpunkte oder Gesprächsanlässe sein.
3. Kurze Abstimmung, wo nötig
   Nicht jede Veröffentlichung ist zustimmungsfrei. Erfolgreiche Organisationen begrenzen Abstimmungen jedoch auf klar definierte Fälle, etwa bei sensiblen Mandaten, Marktbezug oder regulatorischen Aussagen. Alles andere folgt klaren Guidelines.

4. Veröffentlichung und Verteilung
   Beiträge erscheinen primär über Personenprofile und werden – wo sinnvoll – durch die Unternehmensseite ergänzt oder verstärkt. Die Koordination stellt sicher, dass Inhalte zeitlich und thematisch zueinander passen, ohne Gleichförmigkeit zu erzeugen.
5. Beobachtung und Lernen
   Nach der Veröffentlichung wird nicht sofort optimiert, sondern beobachtet. Welche Themen erzeugen Resonanz? Welche Profile werden häufiger aufgerufen? Welche Beiträge führen zu Gesprächen, Rückfragen oder Kontaktaufnahmen?
6. Zahlen als Orientierung, nicht als Selbstzweck
   Redaktionsroutinen gewinnen an Qualität, wenn sie durch einfache Analysen ergänzt werden. Es geht nicht um umfangreiche Reportings, sondern um wenige, regelmäßig betrachtete Kennzahlen.

Typische Orientierungsgrößen sind

- Profilaufrufe und Kontaktanfragen bei Schlüsselpersonen,
- Reichweite und Interaktionen im Verhältnis zur Zielgruppe,
- Linkaufrufe
- Wachstum relevanter Netzwerke (z. B. Entscheider, Fachkollegen, Talente),
- sowie qualitative Rückmeldungen aus Gesprächen, Mandatsanbahnungen oder Bewerbungsprozessen.

Diese Zahlen werden nicht wöchentlich bewertet, sondern in sinnvollen Abständen, wie etwa monatlich oder quartalsweise. Sie dienen dazu, Themen zu schärfen, Formate anzupassen und Erwartungen realistisch zu halten.

Koordination statt Kontrolle

Entscheidend für den Erfolg von Redaktionsroutinen ist ihre Haltung. Koordination bedeutet nicht Freigabe jeder Aussage, sondern das Zusammenführen von Aktivitäten. Ziel ist es, Doppelarbeit zu vermeiden, Überforderung zu reduzieren und ein gemeinsames Verständnis für Inhalte und Themen zu entwickeln.

Dort, wo Routinen klar, schlank und akzeptiert sind, entsteht Verlässlichkeit: für Personen, die Inhalte beisteuern, für koordinierende Einheiten und für die Zielgruppen, die über Zeit ein konsistentes Bild der Organisation entwickeln.

5.4 Freigabe, Rechtssicherheit und Governance

Gerade in Kanzleien und Banken spielen rechtliche und regulatorische Anforderungen eine zentrale Rolle. Unsicherheit in diesem Bereich führt bei vielen häufig zu Zurückhaltung oder vollständiger Blockade. Nicht, weil Inhalte problematisch wären, sondern weil unklar ist, was erlaubt ist, was geprüft werden muss und wer entscheidet.

Wirksame Governance definiert Handlungsspielräume, statt Aktivitäten im Einzelfall zu kontrollieren.

Was sich bewährt

1. Themen klar voneinander trennen:
   Nicht jeder Inhalt ist gleich sensibel. Organisationen schaffen Entlastung, indem sie Themen in Kategorien einteilen, etwa:
   - allgemeine Informationen zu rechtlichen oder regulatorischen Entwicklungen,
   - Hinweise auf veröffentlichte Studien, Veranstaltungen oder Fachbeiträge,
   - Einblicke in Arbeitsweisen, Projekte oder Teamstrukturen,
   - persönliche Erfahrungen im beruflichen Kontext ohne Markt- oder Anlagebezug.

   Bei Banken erfolgt häufig Kommunikation auf LinkedIn® über Beraterprofile, die Haftungsrisiken tragen. Entsprechend gelten besondere regulatorische Anforderungen. Ausgenommen sind insbesondere Aussagen mit Empfehlungscharakter, konkrete Marktmeinungen oder Bewertungen, die als Anlage- oder Produktaussage verstanden werden könnten.

   In Kanzleien gelten vergleichbare Abgrenzungen, wenn auch mit anderem Schwerpunkt. Kritisch sind hier insbesondere Aussagen zu konkreten Mandaten oder laufenden Verfahren, rechtliche Bewertungen ohne Kontext oder Einschränkung sowie Inhalte, die als individuelle Rechtsberatung verstanden werden könnten.

   Zulässig und sinnvoll sind hingegen allgemeine Einordnungen rechtlicher Entwicklungen, Hinweise auf veröffentlichte Entscheidungen, fachliche Zusammenfassungen sowie der Verweis auf öffentlich zugängliche Informationen, jeweils ohne Bezug auf konkrete Einzelfälle.

2. Klare Eskalationswege festlegen:
   Unsicherheit entsteht oft nicht durch Regeln, sondern durch fehlende Ansprechpersonen. Zur Vermeidung eignet sich ein klar benannter Eskalationsweg: Wer entscheidet bei Zweifeln? Wer gibt Rückmeldung? Und in welchem Zeitrahmen? Kurze, verlässliche Rückkopplung ist wichtiger als formale Freigabeprozesse.
3. Leitlinien statt Regelwerke:
   Umfangreiche Social-Media-Guidelines werden selten gelesen. Verständliche Leitlinien auf wenigen Seiten, ergänzt durch Beispiele, schaffen deutlich mehr Sicherheit. Sie beantworten typische Fragen aus der Praxis und geben Orientierung, ohne jedes Szenario vorwegnehmen zu wollen.
4. Schulung und Befähigung statt Verbote:
   Rechtssicherheit entsteht durch Kompetenz. Kurze Schulungen, gemeinsame Durchsprachen von Beispielen oder regelmäßige Q&A-Formate helfen, Unsicherheiten abzubauen. Je besser Beteiligte den Rahmen verstehen, desto verantwortungsvoller nutzen sie ihn.
5. Governance regelmäßig überprüfen:
   Regulatorische Anforderungen, Plattformmechaniken und Kommunikationsgewohnheiten verändern sich. Governance muss daher kein statisches Konstrukt sein, sondern regelmäßig überprüft und angepasst werden. Auch hier gilt: Wenige klare Anpassungen sind wirksamer als umfassende Neufassungen.

Orientierung statt Abschreckung
Gut gestaltete Governance fällt im Alltag kaum auf. Sie wirkt dort, wo sie Sicherheit gibt, ohne Sichtbarkeit zu hemmen. Je klarer der Rahmen, desto selbstverständlicher wird Kommunikation und desto weniger müssen Entscheidungen im Einzelfall diskutiert werden.

5.5 Leitprinzipien für eine tragfähige Organisation

Sichtbarkeit entfaltet Wirkung über Zeit. Effizienz entsteht dort, wo Abläufe wiederholbar sind, Rollen Klarheit schaffen und Erwartungen realistisch bleiben.

Kommunikation wurde lange als Nebenaufgabe neben Mandat, Geschäft oder Betrieb verstanden, weshalb dieser Prozess häufig unterschätzt wird. LinkedIn® verstärkt jedoch die Sichtbarkeit interner Unterschiede: Wer kommuniziert, wozu kommuniziert wird und wie sicher Beteiligte sich fühlen, wird im Außenbild erkennbar. Dadurch wird Organisation selbst zum Teil der Wirkung, nicht nur der einzelne Beitrag.

Tragfähige Organisation entsteht deshalb weniger durch mehr Beteiligung, sondern durch bessere Anschlussfähigkeit. Viele Initiativen scheitern nicht an fehlenden Inhalten, sondern an der Frage, was im Zweifel gilt: Wer entscheidet? Was ist „gut genug"? Was darf ohne Rückfrage veröffentlicht werden? Und welche Themen gehören bewusst nicht nach außen? Solche Fragen lassen sich nicht über Einzelfälle lösen, sondern nur über Leitplanken, die im Alltag entlasten.

Bewährt hat sich ein Prinzip der minimalen Verbindlichkeit: so viel Rahmen wie nötig, so wenig Bürokratie wie möglich. Ein schlanker Rahmen schafft Sicherheit, ohne Dynamik zu ersticken. Er macht Beteiligung leichter, weil er Erwartungen reduziert und Entscheidungssicherheit erhöht. Zugleich verhindert er, dass LinkedIn®-Kommunikation von Einzelpersonen abhängt und damit in Phasen hoher Auslastung vollständig abreißt.

Ein weiteres Leitprinzip ist die bewusste Begrenzung. Nicht jede Person muss sichtbar sein, nicht jeder Fachbereich muss ständig senden, und nicht jedes Thema muss parallel stattfinden. Tragfähig wird Sichtbarkeit dann, wenn wenige Schwerpunkte über Zeit gehalten werden können. Kontinuität entsteht durch Wiederholung, nicht durch Vielfalt. Das entlastet die Organisation und erhöht zugleich die Wiedererkennbarkeit nach außen.

Für Kanzleien und Banken bedeutet das:

- lieber wenige, gut abgestimmte Aktivitäten als viele Einzelaktionen,
- lieber klare Zuständigkeiten als breite Beteiligung ohne Orientierung,
- und lieber kontinuierliche Entwicklung als kurzfristige Sichtbarkeitsspitzen.

Organisationen, die diese Prinzipien berücksichtigen, vermeiden operative Überlastung und schaffen die Voraussetzungen dafür, dass Kommunikation dauerhaft anschlussfähig bleibt.

Dieses Kapitel bildet damit die organisatorische Grundlage für die folgenden Überlegungen. Im nächsten Kapitel geht es darum, wie Wirkung eingeordnet, beobachtet und realistisch bewertet werden kann.

6 Erfolgsmessung und Steuerung digitaler Sichtbarkeit

Wirkung entsteht nicht sofort, sondern über Zeit und Wiederholung. Um Kommunikation gezielt weiterzuentwickeln, braucht es Formen der Beobachtung und Einordnung, die über reine Aktivitätskennzahlen hinausgehen. Dieses Kapitel zeigt, welche qualitativen und quantitativen Kennzahlen für Kanzleien und Banken sinnvoll sind, wo klassische Social-Media-Metriken an ihre Grenzen stoßen und wie Evaluation zur realistischen Steuerung professioneller Außenwirkung beitragen kann.

6.1 Warum Reichweite allein kein geeigneter Maßstab ist

Bei der Bewertung von Aktivitäten wird häufig auf Reichweite in Form von z. B. Impressions und Interaktionen zurückgegriffen. Diese Kennzahlen sind leicht verfügbar und vermitteln den Eindruck von Objektivität. Für Kanzleien und Banken erlauben sie jedoch nur eine begrenzte Aussage über tatsächliche Wirkung.

Hohe Reichweite kann Aufmerksamkeit erzeugen, ohne fachliche Relevanz oder Vertrauen aufzubauen. Umgekehrt kann eine vergleichsweise geringe Sichtbarkeit innerhalb einer klar definierten Zielgruppe, bei z. B. Entscheidern, Mandanten oder Bewerbern, erheblichen Einfluss entfalten. Entscheidend ist daher nicht, wie viele Menschen Inhalte sehen, sondern wer sie wahrnimmt und in welchem Kontext.

Erfolgsmessung muss sich an den strategischen Zielen orientieren: Geschäftsentwicklung, Recruiting, Positionierung und Reputation. Kennzahlen dienen der Einordnung und Orientierung, nicht als Selbstzweck.

N. Freitag, *Erfolgreich auf LinkedIn®: Strategien für Kanzleien und Banken*, essentials, https://doi.org/10.1007/978-3-658-52274-2_6

Merksatz Reichweite ist ein Signal, Wirkung ist das Ziel.

Aus der Beratungspraxis

In der Beratung von Kanzleien und Banken zeigt sich, dass Aktivitäten häufig primär über Reichweitenkennzahlen bewertet werden. Aussagekräftiger sind jedoch qualitative Rückmeldungen aus Gesprächen, Bewerbungsprozessen oder Mandatsanfragen, in denen Inhalte oder Profile konkret referenziert werden. ◄

6.2 Relevante quantitative Kennzahlen

Quantitative Kennzahlen liefern Hinweise auf Entwicklung, Reichweite und Resonanz. Sie ermöglichen Vergleichbarkeit über Zeit und unterstützen die Einordnung von Aktivitäten. Voraussetzung ist jedoch eine bewusste Auswahl und realistische Interpretation.

Geeignet sind wenige, klar definierte Kennzahlen, die weniger kurzfristige Erfolge abbilden als vielmehr Entwicklungstendenzen und Anschlussfähigkeit.

Dazu zählen insbesondere:

- Impressionen als Indikator dafür, wie häufig Inhalte im Feed ausgespielt werden,
- erreichte Mitglieder als Maß für tatsächliche Sichtkontakte innerhalb des Netzwerks,
- Profil- und Seitenaufrufe als Hinweis auf vertieftes Interesse,
- Linkaufrufe als Signal für weiterführende Auseinandersetzung mit Inhalten,
- gespeicherte Beiträge als Indikator für fachliche Relevanz und Nachhaltigkeit,
- Interaktionen (insbesondere Kommentare und qualifizierte Reaktionen),
- sowie das Wachstum in relevanten Zielgruppen.

Es empfiehlt sich, diese Kennzahlen nicht isoliert zu betrachten. Einzelne Beiträge können hohe Werte erzielen, ohne langfristige Wirkung zu entfalten. Aussagekräftig sind vor allem wiederkehrende Muster, thematische Zusammenhänge und Entwicklungen über Zeit.

Wichtig ist zudem die Einordnung im jeweiligen Kontext: Für Kanzleien und Banken ist nicht entscheidend, möglichst viele Personen zu erreichen, sondern die richtigen. Quantitative Kennzahlen liefern dafür Anhaltspunkte, ersetzen jedoch keine qualitative Bewertung.

6.3 Qualitative Bewertung von Wirkung

Neben Zahlen spielt qualitative Einordnung eine zentrale Rolle. Sie beantwortet die Frage, wie Sichtbarkeit wahrgenommen wird und nicht nur, ob sie stattfindet.

Qualitative Indikatoren sind beispielsweise:

- konkrete Rückmeldungen aus Gesprächen,
- Erwähnungen in fachlichen Kontexten,
- Anfragen mit Bezug auf Inhalte oder Profile,
- sowie Wahrnehmung durch relevante Stakeholder.

Diese Signale lassen sich nicht immer messen, sind aber oft aussagekräftiger als Kennzahlen. Sie erfordern Aufmerksamkeit und Austausch zwischen Fachbereichen, Marketing, Business Development und Führung.

Gerade im Kontext von Akquise zeigt sich die Grenze klassischer Kennzahlen. Mandatsentscheidungen entstehen selten aus einzelnen Kontakten, sondern aus längeren Beobachtungs- und Einordnungsprozessen. Sichtbarkeit wirkt hier vorbereitend: Sie erhöht Anschlussfähigkeit, verkürzt Vertrauensaufbau und beeinflusst, wer bei konkretem Bedarf als relevant wahrgenommen wird.

▶ **Definition** Qualitative Erfolgsmessung beschreibt die Einordnung digitaler Wirkung anhand von Rückmeldungen, Kontexten und wahrgenommener Relevanz.

6.4 Sichtbarkeit in Such- und KI-Systemen

Wahrnehmung wirkt über einzelne Plattformen hinaus. Inhalte und Profile fließen in Suchmaschinen und KI-gestützte Systeme ein und beeinflussen, welche Personen, Organisationen und Themen auffindbar sind.

Für Kanzleien und Banken gewinnt diese indirekte Wirkung an Bedeutung. Sie verstärkt langfristig Positionierung und Reputation, auch wenn sie nur begrenzt direkt messbar ist. Konsistenz, thematische Klarheit und fachliche Anschlussfähigkeit erhöhen die Wahrscheinlichkeit, korrekt eingeordnet zu werden.

Sinnvoll bei der Erfolgsmessung ist es, diese Ebene zu berücksichtigen, auch wenn klassische Kennzahlen hierfür nur eingeschränkt geeignet sind.

▶ **Merksatz** Wirkung endet nicht an der Plattformgrenze.

6.5 Steuerung statt Kontrolle

Erfolgsmessung soll die Gesamtentwicklung steuern, nicht einzelne Aktivitäten kontrollieren. Kennzahlen sollen Orientierung geben, nicht Druck erzeugen.

Wirksam ist Erfolgsmessung dort, wo sie:

- regelmäßig, aber nicht permanent erfolgt,
- auf wenige, relevante Indikatoren fokussiert ist,
- und in Entscheidungen übersetzt wird.

Ein differenzierter Blick auf LinkedIn®-Kennzahlen zeigt zudem, dass Wirkung je nach Absenderstruktur unterschiedlich entsteht. Aktuelle Auswertungen machen deutlich, dass Unternehmensseiten im Vergleich zu persönlichen Profilen häufiger Interaktionen und geteilte Beiträge erzielen, während persönliche Profile stärker in den direkten Austausch gehen und mehr Kommentare auslösen (vgl. Metricool Social Media Studie 2026).

Für die Steuerung von LinkedIn®-Aktivitäten ist diese Differenzierung zentral. Unternehmensseiten erfüllen vor allem eine stabilisierende Funktion: Sie bündeln Themen, verstärken Reichweite durch Teilungen und sorgen für Wiederholung. Persönliche Profile wirken dagegen dort, wo Einordnung, Diskussion und Beziehung entstehen. Beide Formen erzeugen Wirkung, jedoch auf unterschiedlichen Ebenen.

Fehlsteuerungen entstehen häufig dann, wenn diese Unterschiede ignoriert werden. Wird die Unternehmensseite an denselben dialogischen Maßstäben gemessen wie persönliche Profile, erscheint sie schnell als „schwach". Umgekehrt führen Interaktionsziele bei Personenprofilen häufig zu Fehlbewertungen ihrer tatsächlichen Wirkung.

Für Kanzleien und Banken bedeutet das, dass LinkedIn® nicht als homogener Kanal gesteuert werden kann. Die Wirkung entsteht im Zusammenspiel unterschiedlicher Ebenen und lässt sich nur dann sinnvoll bewerten, wenn diese Ebenen bewusst unterschieden werden.

Sichtbarkeit sollte als langfristige Entwicklung betrachtet werden. Kleine Anpassungen, kontinuierliches Lernen und klare Prioritäten sind wirkungsvoller als kurzfristige Optimierung.

Dieses Kapitel bildet damit die Grundlage für die abschließende Frage der Umsetzung im organisationalen Zusammenspiel, die im nächsten Kapitel behandelt wird.

7 Praxisumsetzung in Kanzleien und Banken

Strategische Überlegungen entfalten ihre Wirkung erst durch konsequente Umsetzung. Gerade in Kanzleien und Banken ist diese Umsetzung jedoch anspruchsvoll, weil digitale Sichtbarkeit nicht nur Kommunikation betrifft, sondern Rollenverständnis, Kultur, Führungslogik und die Organisation fachlicher Arbeit. LinkedIn® ist in diesem Kontext kein „Kanal", der nebenbei bespielt werden kann, sondern ein Raum, in dem fachliche Kompetenz, Vertrauenswürdigkeit und Zuständigkeiten sichtbar werden und damit auch ein Raum, in dem Unklarheit, Fragmentierung oder Widersprüche erkennbar werden.

Häufig zeigt sich ein typisches Muster: Einzelne Personen sind aktiv, andere bleiben unsichtbar; Marketing oder Kommunikation versucht zu unterstützen, ohne fachliche Verantwortung zu übernehmen; Fachbereiche kommunizieren punktuell, während die Unternehmensseite formal bleibt. Diese Ausgangslage findet man in der Praxis häufig, stellt sich allerdings meist als nicht sehr erfolgreich dar. Sie wird dann problematisch, wenn Sichtbarkeit als Projekt mit kurzfristigen Erwartungen behandelt wird. Wirkung entsteht auf LinkedIn® selten durch einzelne Beiträge, sondern durch Kontinuität, Wiedererkennbarkeit und die Einordnung von Inhalten in ein erkennbares Gesamtbild.

Dieses Kapitel bündelt die zuvor beschriebenen Elemente und übersetzt sie in Umsetzungslogiken, die im Alltag tragfähig sind. Im Mittelpunkt stehen Positionierung, Rollen- und Themenabstimmung, Zusammenarbeit sowie eine schrittweise Umsetzung, die Lernen ermöglicht. Ziel ist nicht maximale Aktivität, sondern eine Praxis, die verlässlich funktioniert, auch dann, wenn sich Personen, Prioritäten oder Rahmenbedingungen verändern.

N. Freitag, *Erfolgreich auf LinkedIn®: Strategien für Kanzleien und Banken*, essentials, https://doi.org/10.1007/978-3-658-52274-2_7

7.1 Gemeinsame Positionierung als Ausgangspunkt

Eine tragfähige Umsetzung digitaler Sichtbarkeit beginnt in Kanzleien und Banken nicht mit einzelnen Maßnahmen, sondern mit einer gemeinsamen Positionierung. Bevor Profile aktiviert, Inhalte geplant oder Prozesse definiert werden, ist zu klären, welche Rolle LinkedIn® für die Organisation insgesamt spielen soll. Diese Klärung betrifft nicht nur Kommunikationsziele, sondern vor allem Erwartungen: Was soll LinkedIn® leisten und was bewusst nicht?

Für die Einführung eignet sich ein gemeinsames Orientierungsformat, z. B. ein gemeinsames Kick-off. Entscheidend ist jedoch die Funktion: Es geht nicht darum, LinkedIn® „zu erklären", sondern die Organisation auf eine gemeinsame Logik einzuschwingen. Im Mittelpunkt stehen Fragen nach thematischen Schwerpunkten, fachlichen Rollen und Verantwortlichkeiten. Welche Personen stehen sichtbar für welche Themen? Welche Fachbereiche oder Praxisgruppen sollen als thematische Klammer wirken? Und wie soll die Organisation als Ganzes wahrgenommen werden, eher als Arbeitgeber, als fachlicher Player, als Plattform für Expertise oder als verlässlicher Rahmen für unterschiedliche Stimmen?

Eine häufige Ursache für stockende Umsetzung ist die fehlende Abgrenzung. In Kanzleien und Banken gibt es in der Regel mehr Themen, als sinnvoll sichtbar gemacht werden können. Wenn diese Priorisierung nicht explizit erfolgt, entsteht ein implizites Erwartungsproblem: Personen fragen sich, ob sie „alles" abdecken sollen; Fachbereiche erleben Sichtbarkeit als Zusatzbelastung; die Unternehmensseite wirkt austauschbar, weil sie nicht zwischen strategisch relevanten und lediglich „kommunizierbaren" Themen unterscheidet. Eine Positionierung schafft Entlastung, indem sie bewusst begrenzt.

Praxisbeispiel 1: „Viele Themen, keine Richtung"
Eine mittelgroße Kanzlei startet mit LinkedIn®, weil mehrere Partnerinnen und Partner „endlich sichtbarer werden wollen". Nach wenigen Wochen wird klar: Jeder postet etwas anderes, mal Recruiting, mal Steuerrecht-News, mal Veranstaltungshinweise. Die Geschäftsführung wird unruhig („Was ist unsere Linie?"), Marketing versucht zu koordinieren, ohne inhaltlich eingreifen zu wollen. Erst als die Kanzlei drei Kernfelder als Prioritäten benennt (und andere bewusst zurückstellt), entsteht ein erkennbarer Rahmen. Sichtbarkeit wird nicht weniger, aber klarer.

Praxisbeispiel 2: „Positionierung wirkt nach innen"
In einer Bank gibt es eine starke Compliance-Kultur. Viele Fachleute haben inhaltlich viel beizutragen, kommunizieren aber nicht, weil unklar ist, ob Sichtbarkeit als Risiko gilt. Eine gemeinsam entwickelte Positionierung, inklusive klarer Abgrenzung, welche Inhalte nicht nach außen gehören, wirkt hier wie eine Freigabe im kulturellen Sinn. Mitarbeitende fühlen sich nicht mehr „mutig" oder „risikofreudig", sondern legitimiert.

Ein solcher gemeinsamer Ausgangspunkt reduziert Unsicherheit. Mitarbeitende müssen nicht individuell entscheiden, ob und wie Sichtbarkeit „erwünscht" ist, sondern können ihre Aktivitäten in einen nachvollziehbaren Rahmen einordnen. Hierdurch wird deutlich, dass Sichtbarkeit keine Zusatzaufgabe einzelner Engagierter ist, sondern Teil einer gemeinsamen Entwicklung. Dort, wo diese Grundfragen früh geklärt werden, verlaufen LinkedIn®-Aktivitäten stabiler, konsistenter und konfliktärmer, da sie nicht ständig neu verhandelt werden müssen.

7.2 Abstimmung von Rollen, Themen und Inhalten

Auf eine gemeinsame Positionierung folgt die Frage der Umsetzung: Wer macht was und in welchem thematischen Rahmen? Wirksame Sichtbarkeit entsteht nicht dadurch, dass alle Beteiligten alles kommunizieren, sondern durch eine bewusste Verteilung von Rollen und Themen. Diese Verteilung wirkt entlastend in Organisationen, in denen fachliche Arbeit hoch verdichtet ist und zusätzliche Abstimmung schnell als „Overhead" empfunden wird.

Wichtig ist daher, Rollen klar zu unterscheiden. Personenprofile, Fachbereiche beziehungsweise Praxisgruppen und die Unternehmensseite erfüllen unterschiedliche Funktionen. Personen bringen fachliche Perspektiven ein, ordnen Themen ein und ermöglichen Dialog. Fachbereiche oder thematische Einheiten vertiefen Inhalte und schaffen fachliche Kontinuität. Die Unternehmensseite wiederum stellt Kontext her, bündelt Aktivitäten und bietet Orientierung nach außen. Diese Funktionen sind nicht austauschbar, sondern komplementär.

Entscheidend ist, dass diese Ebenen nicht isoliert agieren. Wenn Themen, Schwerpunkte und Botschaften aufeinander abgestimmt sind, entsteht ein nachvollziehbares Gesamtbild. Fehlt diese Abstimmung, wirken Inhalte beliebig oder widersprüchlich, selbst dann, wenn einzelne Beiträge für sich genommen hochwertig sind. Häufig tritt dieses Problem dort auf, wo die Unternehmensseite „offiziell" wirkt, während Personenprofile sehr individuell kommunizieren. Ohne verbindende thematische Klammer entsteht der Eindruck zweier Welten.

Abstimmung bedeutet nicht Kontrolle oder zentrale Steuerung jedes einzelnen Inhalts. Sie schafft Transparenz darüber, welche Themen gesetzt sind, welche Rollen sie tragen und wo individuelle Schwerpunkte sinnvoll sind. Dieses gemeinsame Verständnis erleichtert eigenständiges Handeln, reduziert Rückfragen und verhindert Doppelarbeit. Sichtbarkeit wird damit nicht zur zusätzlichen Aufgabe, sondern zu einem integrierten Bestandteil des Arbeitsalltags.

1. Praxisbeispiel: „Zentrale Seite vs. viele Stimmen“
Ein Bankhaus kommuniziert über die Unternehmensseite vor allem Presse- und HR-Themen. Parallel posten einige Senior Experts sehr fachlich und meinungsstark. Nach außen ist nicht erkennbar, ob diese Beiträge zur Strategie passen oder „privat“ sind. Sobald das Haus wenige thematische Leitplanken definiert und die Unternehmensseite gezielt Beiträge aus den Profilen aufgreift (ohne sie zu glätten), entsteht ein zusammenhängendes Bild: Organisation als Rahmen, Personen als Träger der Expertise.

Für solche Fälle eignet sich das folgende Vorgehen: Themen werden nicht einzelnen Kanälen zugewiesen, sondern Rollen. Fachliche Schwerpunkte liegen bei den Personen und Fachbereichen, die sie inhaltlich verantworten. Die Unternehmensseite greift diese Themen auf, ordnet sie ein und macht sie für ein breiteres Umfeld sichtbar. Dadurch wird deutlich, wofür die Organisation steht, ohne dass jeder Beitrag „offiziell“ sein muss.

Statt detaillierter Redaktionspläne empfiehlt sich das Arbeiten mit thematischen Leitplanken. Sie definieren, welche Themen aktuell relevant sind, welche Rollen diese besetzen und welche Beiträge bewusst nicht erwartet werden. Das schafft Sicherheit, insbesondere für Personen, die nicht regelmäßig kommunizieren, aber punktuell sichtbar sein sollen.

2. Praxisbeispiel: „Leitplanken statt Redaktionsplan“
Eine Kanzlei versucht zunächst, einen Monatsplan zu erstellen: pro Woche zwei Beiträge, dazu feste Rubriken. Nach sechs Wochen bricht das System zusammen, zu viele Beiträge, die online gestellt werden sollen, zu viele Freigaben, zu wenig Zeit, zu wenig Relevanz. Der Wechsel auf Leitplanken („drei Themenfelder, zwei Rollen, vier Anlässe pro Quartal“) reduziert Aufwand und erhöht Qualität. Sichtbarkeit sinkt nicht, aber wird stabiler.

7.3 Zusammenarbeit als Erfolgsfaktor

Die Umsetzung scheitert selten nur an fehlender Strategie, sondern an fehlender Abstimmung und Unsicherheiten. Digitale Präsenz berührt unterschiedliche Funktionen: Führung, Fachbereiche, Marketing, Business Development und HR. Ohne funktionierende Zusammenarbeit bleiben Aktivitäten punktuell oder versanden im Tagesgeschäft. Das ist kein Kommunikationsproblem, sondern ein Kooperationsproblem.

Zusammenarbeit funktioniert, wenn Zuständigkeiten klar benannt sind und Schnittstellen bewusst gestaltet werden. Das bedeutet nicht, zusätzliche Gremien oder formale Prozesse zu schaffen. Entscheidend ist vielmehr, dass Beteiligte wissen, wann sie eingebunden sind, wofür sie Verantwortung tragen und wo Entscheidungen getroffen werden. Viele Organisationen scheitern weniger an fehlenden Ideen als an der Frage: „Wer macht es jetzt wirklich und wer unterstützt?"

Häufig zeigt sich: Je näher Zusammenarbeit am Arbeitsalltag organisiert ist, desto tragfähiger wird sie. Regelmäßige kurze Abstimmungen, klare Ansprechpartner und transparente Themenprioritäten sind wirksamer als umfangreiche Koordinationsrunden. Sichtbarkeit wird dann nicht als Zusatzaufgabe wahrgenommen, sondern als unterstützender Bestandteil bestehender Arbeit. Besonders wichtig ist, dass Koordination nicht als „Kontrolle" erlebt wird, sondern als Entlastung: Themen werden gebündelt, Beiträge werden sichtbar gemacht, und Schnittstellen werden gepflegt.

Meist übernehmen koordinierende Funktionen diese Rolle sehr unterschiedlich. In manchen Organisationen liegt sie bei Marketing, Business Development oder Kommunikation, in anderen bei einzelnen Fachbereichen oder zentralen Stabsstellen. Entscheidend ist weniger, wer koordiniert, als dass Koordination stattfindet. Wo eine solche Funktion vorhanden ist, schafft sie Übersicht, bündelt Themen und sorgt für Anschlussfähigkeit zwischen Personenprofilen, Fachbereichen und Organisation. Inhalte werden nicht inhaltlich gesteuert, sondern strukturell unterstützt.

1. Praxisbeispiel: „Koordination ist nicht Kontrolle"

Ein Kanzlei-Marketingteam versucht, LinkedIn®-Posts „freizugeben". Partner fühlen sich bevormundet, das System wird umgangen. Nach einem Rollenwechsel („Marketing kuratiert, die fachliche Verantwortung liegt bei den Personen") entstehen neue Routinen: Das Team sammelt Themenanlässe, bietet Sparring an, koordiniert Wiederverwertung über die Unternehmensseite. Die Beteiligung steigt, weil Kontrolle durch Unterstützung ersetzt wird.

Auch HR ist je nach Organisation unterschiedlich eingebunden. In einigen Häusern agiert HR aktiv in der Ansprache von Kandidaten und in der Darstellung von Arbeitsweise und Kultur, in anderen bleibt die Rolle stärker begleitend. Für die Wirksamkeit entscheidend ist, dass Recruiting- und Arbeitgeberthemen sichtbar vertreten sind, unabhängig davon, in welcher Einheit sie organisatorisch verankert sind. Gerade in regulierten Organisationen ist es hilfreich, wenn HR und Fachbereiche nicht getrennte Geschichten erzählen (z. B. „innovativ & agil" vs. „maximale Risikominimierung"), sondern eine anschlussfähige Erzählung über Arbeitsweise und Professionalität entsteht.

2. Praxisbeispiel: „HR ohne Fachbezug wirkt hohl"
Eine Bank postet auf der Unternehmensseite viele Recruiting-Inhalte, erhält aber wenig Resonanz. Gleichzeitig posten Fachleute fachlich relevant, ohne Bezug zur Arbeitgeberperspektive. Sobald HR und Fachbereiche ihre Themen koppeln (Arbeitsweise, Lernkultur, Verantwortung), werden Arbeitgeberthemen glaubwürdiger, weil sie durch konkrete Rollen und reale Personen gestützt werden.

Zusammenarbeit ist damit nicht nur ein interner Erfolgsfaktor, sondern ein externer Wirkmechanismus: Wenn Beiträge ineinandergreifen, wirkt die Organisation kohärent. Wenn sie parallel laufen, wirkt sie fragmentiert. LinkedIn® verstärkt diese Wahrnehmung, weil Zielgruppen Beiträge nicht als Einzelstücke lesen, sondern als Muster.

Die interne Kommunikation rund um Sichtbarkeit wird in der Praxis oft vernachlässigt. Es zeigt sich häufig, dass Initiativen wie Corporate-Influencer-Programme oder gezielte LinkedIn®-Aktivitäten zwar von der Geschäftsführung gewollt sind, diese Erwartung jedoch nicht immer organisationsweit sichtbar kommuniziert wird. Fehlt diese Klarheit, entstehen informelle Spannungen: Mitarbeitende, die sich sichtbar engagieren, stoßen mitunter auf Zurückhaltung oder sogar kritische Reaktionen von Kolleginnen und Kollegen, nicht aus Ablehnung der Plattform, sondern aus Unsicherheit über implizite Normen.

Digitale Sichtbarkeit bewegt sich damit nicht nur auf einer fachlichen, sondern auch auf einer sozialen Ebene. Wenn unklar bleibt, ob Sichtbarkeit als Teil professioneller Arbeit anerkannt ist oder als individuelle Profilierung gilt, entsteht ein Risiko für diejenigen, die sich engagieren. Eine explizite interne Kommunikation, dass LinkedIn®-Aktivitäten gewünscht, legitimiert und unterstützt sind, wirkt hier stabilisierend. Sie verschiebt Sichtbarkeit von einer persönlichen Entscheidung zu einer organisational getragenen Praxis.

Gerade im Kontext von Corporate-Influencer-Programmen ist diese Klarheit entscheidend. Erst wenn deutlich ist, dass Engagement nicht nur toleriert, sondern ausdrücklich gewollt ist, entsteht die notwendige Sicherheit für Beteiligung.

Interne Kommunikation wird damit zu einem zentralen Erfolgsfaktor: Sie schafft Rückhalt, reduziert soziale Reibung und ermöglicht Zusammenarbeit auf Augenhöhe.

7.4 Schrittweise Umsetzung statt Komplettstrategie

Die Umsetzung scheitert selten an fehlendem Willen, sondern an zu hohen Erwartungen. Der Anspruch, Sichtbarkeit für alle Personen, Fachbereiche und Themen zu organisieren, führt schnell zu Überforderung. Prozesse werden zu komplex, Abstimmungen zu aufwendig und Engagement lässt nach, bevor Wirkung entstehen kann. Gerade in Kanzleien und Banken wirkt Überforderung schnell demotivierend, weil zusätzliche Aufgaben unmittelbar gegen abrechenbare Zeit, interne Prioritäten und fachliche Verantwortung konkurrieren.

Erfolgreiche Organisationen wählen daher einen schrittweisen Ansatz. Ausgangspunkt ist eine klare inhaltliche Orientierung: Welche Themen sind aktuell strategisch relevant, und welche Rollen eignen sich, um diese sichtbar zu machen? Auf dieser Basis werden gezielt Pilotbereiche oder einzelne Rollen ausgewählt, die Sichtbarkeit zunächst exemplarisch umsetzen. Der Pilot wird nicht als „Testkampagne" verstanden, sondern als Lernraum.

Diese Pilotphase dient nicht primär der Reichweite, sondern dem Lernen. Prozesse für Themenfindung, Abstimmung, Veröffentlichung und Rückmeldung werden erprobt und angepasst. Gleichzeitig entstehen erste Erfahrungswerte: Welche Formate funktionieren im Alltag? Wo entstehen Reibungen? Und welche Unterstützung wird tatsächlich benötigt? Der entscheidende Vorteil dieses Ansatzes ist, dass Umsetzung nicht an idealisierten Vorstellungen gemessen wird, sondern an realer Tragfähigkeit.

Praxisbeispiel 1: „Pilotphase als Kulturtest"
Eine Kanzlei startet mit zehn Personen aus zwei Praxisgruppen. Nach drei Monaten zeigt sich: Zwei Personen posten regelmäßig, drei punktuell, fünf gar nicht. Früher wäre das als Scheitern interpretiert worden. Im schrittweisen Ansatz ist es ein Ergebnis: Die Kanzlei erkennt, welche Rollen kontinuierliche Sichtbarkeit tragen können und welche anlassbezogen wirken. Daraus entsteht eine realistische Rollenkonzeption statt Frust.

Erst wenn diese Grundlagen tragfähig sind, erfolgt die schrittweise Ausweitung. Weitere Personen, Fachbereiche oder Themen werden integriert, bestehende Routinen übernommen und bei Bedarf angepasst. Auf diese Weise wächst Sichtbarkeit organisch mit der Organisation, statt ihr vorauszulaufen. Gerade bei wechselnden

Prioritäten (z. B. neue Praxisgruppen, neue regulatorische Themen, Personalwechsel) bleibt das System handlungsfähig.

Wesentlich für diesen Ansatz ist eine pragmatische Prozessgestaltung. Statt umfassender Redaktionspläne oder detaillierter Vorgaben genügen oft wenige, wiederkehrende Routinen: thematische Leitplanken, klare Ansprechpartner, einfache Abstimmungswege und regelmäßige Reflexion. Der Mehrwert liegt nicht im Umfang der Planung, sondern in der Stabilität der Wiederholung.

Schrittweise Umsetzung bedeutet damit nicht Langsamkeit, sondern Steuerbarkeit. Sie ermöglicht Entwicklung, ohne Überforderung zu erzeugen, und schafft Akzeptanz, weil Beteiligte Erfahrungen sammeln können, bevor Erwartungen steigen. Sichtbarkeit wird so weniger „Projekt" und mehr „Betrieb".

7.5 Sichtbarkeit als Teil organisationaler Entwicklung

Sichtbarkeit über LinkedIn® ist kein abgeschlossenes Projekt. Sie entwickelt sich mit der Organisation, ihren Themen und ihren Menschen. Strategische Entscheidungen, neue fachliche Schwerpunkte, personelle Veränderungen oder regulatorische Rahmenbedingungen wirken sich unmittelbar darauf aus, wie Personen, Fachbereiche und Organisation wahrgenommen werden. Kanzleien und Banken erleben diese Dynamik besonders stark, weil Rollenwechsel, Praxisgruppenentwicklungen oder neue Beratungsfelder nicht nur intern relevant sind, sondern extern Vertrauen und Orientierung beeinflussen.

Organisationen, die LinkedIn® als Teil ihrer professionellen Außenwirkung und ihrer Geschäftsentwicklung verstehen, verankern Sichtbarkeit in bestehenden Entwicklungsprozessen. Themen werden regelmäßig überprüft, Rollen bei Bedarf angepasst und Routinen weiterentwickelt. Sichtbarkeit folgt damit nicht einem festen Maßnahmenplan, sondern der fachlichen und organisatorischen Realität der Kanzlei oder Bank. Das ist auch der Grund, warum starre Kampagnenlogik häufig nicht trägt: Sie passt nicht zu einer Organisation, deren Leistung über Expertise, Beziehungen und Vertrauen entsteht.

Gerade in Kanzleien und Banken zeigt sich, dass Veränderungen selten linear verlaufen. Neue Praxisgruppen entstehen, Zuständigkeiten verschieben sich, strategische Prioritäten verändern sich. LinkedIn® macht diese Entwicklungen sichtbar und beeinflusst zugleich, wie Kompetenz, Vertrauenswürdigkeit und Leistungsfähigkeit vor einer Kontaktaufnahme eingeordnet werden. Sichtbarkeit wirkt damit nicht nur reputationsbildend, sondern auch vorbereitend für Mandats- und Geschäftsentscheidungen: Potenzielle Mandanten, Kandidaten oder Kooperationspartner nutzen LinkedIn® häufig als ersten Einordnungsraum.

Praxisbeispiel 2: „Generationenwechsel sichtbar machen"
Eine Kanzlei fördert jüngere Partner, die fachlich stark sind, aber extern noch wenig bekannt. Durch abgestimmte Sichtbarkeit (Personenprofile + thematische Klammer + organisationaler Rahmen) wird der Übergang sichtbar, ohne als Bruch zu wirken. Externe Zielgruppen erleben Kontinuität, weil Themen und Rollen nachvollziehbar verknüpft bleiben.

Entscheidend ist nicht permanente Aktivität, sondern Anschlussfähigkeit. Wenn Positionierung, Rollen und Prozesse regelmäßig reflektiert werden, bleibt die Präsenz auf LinkedIn® konsistent, ohne starr zu werden. Sie unterstützt Orientierung nach außen, Klarheit nach innen und schafft stabile Voraussetzungen für Beziehung, Empfehlung und Geschäftsanbahnung. Sichtbarkeit wird damit zu einem Teil organisationaler Steuerungsfähigkeit: Sie zeigt, ob Themen klar sind, ob Rollen getragen werden und ob Zusammenarbeit funktioniert.

Dieses Kapitel schließt den inhaltlichen Bogen des Essentials. Sichtbarkeit über LinkedIn® wird hier nicht als Einzelmaßnahme verstanden, sondern als integrierter Bestandteil moderner Kanzlei- und Bankführung, mit Wirkung auf Reputation, Recruiting und Geschäftsentwicklung. Umsetzung ist dann keine Frage zusätzlicher Energie, sondern Ergebnis einer Struktur, die Sichtbarkeit ermöglicht und über Zeit stabil hält.

Fazit und Ausblick

8

Dieses Essential zeigt, dass LinkedIn® für Kanzleien und Banken weit mehr ist als ein zusätzlicher Kommunikationskanal. Die Plattform prägt, wie Personen, Fachbereiche und Organisationen wahrgenommen werden, lange bevor ein persönlicher Kontakt entsteht. Sichtbarkeit über LinkedIn® wirkt damit auf Reputation, Recruiting und Geschäftsentwicklung gleichermaßen, jedoch nicht kurzfristig oder isoliert, sondern im Zusammenspiel mit Strukturen, Rollen und Haltung.

Das Essential liefert bewusst keine kurzfristigen Maßnahmen oder Erfolgsrezepte. Stattdessen bietet es einen strategischen Bezugsrahmen, der hilft, LinkedIn® sinnvoll in bestehende Organisationslogiken zu integrieren. Sichtbarkeit wird damit nicht zur Zusatzaufgabe, sondern zu einem Bestandteil professioneller Außenwirkung und nachhaltiger Geschäftsentwicklung.

Vor diesem Hintergrund gewinnt digitale Sichtbarkeit eine zusätzliche Dimension. LinkedIn® wirkt nicht mehr nur als Kommunikationsplattform, sondern zunehmend als Orientierungs- und Vorselektionsraum, für Menschen ebenso wie für Such- und KI-gestützte Systeme. Profile, Inhalte und thematische Schwerpunkte fließen in algorithmische Bewertungen ein und beeinflussen, welche Personen, Fachbereiche und Organisationen auffindbar, referenziert oder empfohlen werden. Sichtbarkeit wirkt damit langfristig auch dort, wo sie nicht unmittelbar messbar ist.

Für Kanzleien und Banken verschiebt sich dadurch der Fokus. Es geht weniger um Reichweite oder Aktivität als um Einordnungsfähigkeit: Wer steht wofür? Welche Themen sind klar besetzt? Und wie konsistent ist das Gesamtbild über Personen, Fachbereiche und Organisation hinweg? Das sind keine operativen, sondern strategischen Fragen. Sie berühren Führung, Organisationsstruktur und kulturelle Erwartungen. Sichtbarkeit wird damit zu einer Querschnittsaufgabe, die nicht delegiert, sondern gestaltet werden muss.

N. Freitag, *Erfolgreich auf LinkedIn®: Strategien für Kanzleien und Banken*, essentials, https://doi.org/10.1007/978-3-658-52274-2_8

Der Ausblick ist daher weniger technologisch als organisatorisch. Kanzleien und Banken, die LinkedIn® als Teil ihrer professionellen Außenwirkung verstehen, investieren nicht primär in Tools oder Formate, sondern in Klarheit: klare Rollen, klare Prioritäten und klare Kommunikation darüber, was sichtbar sein soll – und was nicht. In einem zunehmend digitalen Entscheidungsumfeld wird diese Klarheit nicht zum Differenzierungsmerkmal, sondern zur Voraussetzung, um anschlussfähig zu bleiben.

Was Sie aus diesem *essential* mitnehmen können

- wie digitale Wahrnehmung entsteht und durch algorithmische und organisatorische Faktoren beeinflusst wird,
- welche besondere Rolle LinkedIn® im professionellen Kontext von Kanzleien und Banken einnimmt,
- wie Personenprofile, thematische Einheiten und Unternehmensseiten zusammenwirken,
- warum klare Zuständigkeiten, einfache Prozesse und realistische Erwartungen entscheidend sind,
- wie Wirkung eingeordnet, reflektiert und über Zeit weiterentwickelt werden kann.

N. Freitag, *Erfolgreich auf LinkedIn®: Strategien für Kanzleien und Banken*, essentials, https://doi.org/10.1007/978-3-658-52274-2

Literatur

LinkedIn® (2025). *LinkedIn® Membership Statistics- FY26/Q1*. Unternehmensangaben, basierend auf Microsoft Earnings. https://news.LinkedIn.com/about-us

Metricool (2025). *SOCIAL MEDIA-Studie 2026-* https://metricool.com/wp-content/uploads/Social-Media-Study-2026-DE.pdf

van der Blom, R. (2025). *Algorithm Insights Update Report*. Just Connecting™.

N. Freitag, *Erfolgreich auf LinkedIn®: Strategien für Kanzleien und Banken*, essentials, https://doi.org/10.1007/978-3-658-52274-2

FSC
www.fsc.org
MIX
Papier | Fördert
gute Waldnutzung
FSC® C083411

Kolibri 360 GmbH
Ferdinand-Jühlke-Straße 7
99095 Erfurt, Deutschland
produktsicherheit@kolibri360.de